A NAÇÃO
— UMA PEÇA
EM SEIS EPISÓDIOS

A NAÇÃO — UMA PEÇA EM SEIS EPISÓDIOS

Eric de Vroedt

tradução
Newton Moreno

consultoria de tradução
Mariângela Guimarães

Sumário

Sobre a tradução,
por Newton Moreno   7

**A NAÇÃO – UMA PEÇA
EM SEIS EPISÓDIOS**   9

Sobre a Coleção Dramaturgia Holandesa,
por Isabel Diegues   195

Sob as lentes da internacionalização de
dramaturgias: Países Baixos em foco,
por Márcia Dias   199

Criando laços entre Brasil e Holanda,
por Anja Krans   203

Núcleo dos Festivais: Colecionar,
um verbo que se conjuga junto,
por Núcleo dos Festivais Internacionais
de Artes Cênicas do Brasil   205

Sobre a tradução

A tradução de *A nação*, de Eric de Vroedt, apresentou-nos diversos desafios. Há que se ter cuidado ao transpor a prosódia e a poética de um dramaturgo a quem se está sendo apresentado, descobrir progressivamente as especificidades de sua linguagem. Passamos do namoro à noite de núpcias em pouco tempo. Isto dentro de um universo, o caldeirão étnico da Holanda contemporânea, ainda chamuscado pelas questões dos refugiados, da xenofobia e das demandas religiosas; terreno para se pisar com cautela e respeito. A escrita evidentemente é um mapa de um escritor-encenador que sugere caminhos para a transposição de seu texto aos palcos; há pegadas no roteiro da herança do encenador. Sem falar que se trata de um texto de fôlego, composto de seis episódios e mais de cem páginas.

Apesar dos desafios, todo o processo, feito em parceria com Almir Martines, foi extremamente prazeroso. Eric de Vroedt apresenta-nos um desfile heterogêneo e complexo de personagens, e usa de outras mídias e outros suportes para encaminhar sua narrativa — o que só potencializa o caleidoscópio humano, a galeria de seres que compõem sua história. Foi um grande prazer conhecer um talento como o de Eric de Vroedt e seu comprometimento em retratar a Holanda atual, atacando as tensões e cicatrizes históricas, num momento em que a Europa é "invadida" pelo mundo, que pede que ela se organize e se posicione.

Newton Moreno

A NAÇÃO – UMA PEÇA EM SEIS EPISÓDIOS

de Eric de Vroedt

Personagens

ISMAËL AHMEDOVIC — GAROTO DE 11 ANOS, MUÇULMANO

IDA ASCHENBACH — MÃE ADOTIVA DE ISMAËL

ALEXANDER ASCHENBACH — PAI ADOTIVO DE ISMAËL

MARIAM TRAORÉ — MÃE BIOLÓGICA DE ISMAËL

THOMAS SØRENSEN — SUPERINTENDENTE DA POLÍCIA

MARK VAN OMMEREN — POLICIAL VINDO DE AMSTERDÃ PARA AJUDAR NO CASO DO DESAPARECIMENTO DE ISMAËL

LUDMILLA BRATUSEK — POLICIAL DA DELEGACIA DE HAIA

DAVID WILZEN — POLICIAL QUE PRENDEU ISMAËL

DAMIR AHMEDOVIC — IRMÃO MAIS VELHO DE ISMAËL, ENTEADO DE MARIAM E TAMBÉM FILHO ADOTIVO DE IDA E ALEXANDER

BRAM GEIJSSEN — SUPERVISOR DA POLÍCIA

O URSO — VLOGUEIRO

PALHAÇO — CONVIDADO NO VLOG DO URSO

RUTGER VAN DER BERG — GERENTE DO ESTÚDIO DE TV

LINEKE KUYPERS — JORNALISTA E APRESENTADORA DE TV DE UM PROGRAMA SENSACIONALISTA

JOHN LANDSCHOT — LÍDER DA NOVA FRENTE HOLANDESA E INIMIGO DE WOLFF

WOUTER WOLFF — PARLAMENTAR GAY E AMIGO DA FAMÍLIA DE ISMAËL

SJOERD VAN DER POOT — DONO DO BAIRRO DA CIDADE SEGURA

STIJN BAVERT — RELAÇÕES-PÚBLICAS DE WOLFF E TAMBÉM SEU NAMORADO

HESTER KEURSMA — TERAPEUTA DE DAMIR

ANDRÉ POPPE — PRESIDENTE DO PARTIDO

ROBBERT AKKERMANS — PARLAMENTAR 2009-2021

NEELTJE TROMP — LÍDER DO PARTIDO 2017-2021

SADIK BABACAN — OPOSITOR DE WOLFF NO PARTIDO

TINEKE TOORENBURG — PRESIDENTE DO COMITÊ DE INVESTIGAÇÃO DA POLÍCIA NACIONAL

ADEM AHMEDOVIC — PAI DE ISMAËL E DAMIR

A NAÇÃO

EPISÓDIO 1: O desaparecimento de Ismaël A.

Prólogo

Voz de Ismaël.

ISMAËL:
Quando eu desaparecer, todo mundo vai me procurar. Mama Ida vai pendurar cartazes por toda a cidade com meu nome e uma foto de quando passamos as férias em Breda. Eu estarei sorrindo para todas as pessoas que estão esperando o ônibus. Papa Alex vai procurar no meu quarto o que ele chama de "uma pista" e Mama Ida vai ficar ligando para a polícia sem parar. Meu verdadeiro papai não saberá que eu parti, mas minha verdadeira mamãe, Mariam, chorará por dias. E então um supercachorro será trazido de avião da Inglaterra. O nome dele é Oric, e a polícia o fará cheirar meu suéter azul. Depois de três dias, todos os homens e mulheres que moram em nossa rua vão formar uma longa fila e caminhar pelas dunas de mãos dadas. Eles estarão à procura da minha bicicleta nova, a que ganhei do tio Wouter. E os programas de TV serão interrompidos por um anúncio especial. Um policial de bigode grande dirá a todos que estou desaparecido há uma semana. E uma senhora na TV vai suspirar cada vez mais fundo. O primeiro-ministro dirá que todo mundo que souber de alguma coisa deverá contar à polícia. Mas isso só acontecerá daqui a duas semanas. Hoje, primeiramente, eu desapareço.

Na tela: "A nação — episódio 1 — 'O desaparecimento de Ismaël A.'"

Cena 1 // Dia 1, 13h17

Uma delegacia de polícia em Schilderswijk,[1] em Haia, no escritório do superintendente da equipe.

SØRENSEN:
Então, eu estou ali, sob o sol escaldante, conversando com a vice-ministra, e meu copo cai bem na maquete. Mas ela nem pisca, ela apenas continua explicando calmamente onde será a primeira fase da Cidade Segura. Precisamente em cima daquela poça de vinho, aliás. E exatamente onde estão os cacos de vidro será uma prisão de alta tecnologia. Pessoa fantástica. Então, de repente, um policial sussurra no meu ouvido direito: "Posso interromper um momento, senhor? Um garotinho desapareceu e nas redes sociais estão dizendo que foi um dos seus homens." Você conseguiu acompanhar até aqui?

VAN OMMEREN:
Dureza. Um detetive branco em uma viatura policial...

SØRENSEN:
Por estas bandas, é preciso ser no mínimo um agente do Mossad, eu sei. Como eles reuniram todos esses manifestantes tão rapidamente ainda é um mistério para mim. Mas vou ser mais claro: você está aqui para resolver essa bagunça toda.

VAN OMMEREN:
Eu ainda nem comecei.

SØRENSEN:
Não seja tão sensível. Sou eu que estou em apuros. Um dos meus homens está sendo massacrado.

VAN OMMEREN:
E eu estou aqui para descobrir exatamente o que aconteceu.

---

1. Schilderswijk: antigo bairro da classe operária de Haia, onde hoje moram muitos cidadãos de ascendência marroquina, principalmente muçulmanos. Schilderswijk fica ao lado do Centro da cidade e das Casas do Parlamento.

SØRENSEN:
Nada, não aconteceu nada. Até agora é só mais um ataque histérico da internet.

VAN OMMEREN:
Isso está me parecendo uma conclusão precipitada.

SØRENSEN:
Uma criança desapareceu sem deixar vestígios...

VAN OMMEREN:
Depois de uma prisão violenta.

SØRENSEN:
Uma prisão violenta... Hum, isso é interessante. Quando foi a última vez que você... Hum?

VAN OMMEREN:
Mark.

SØRENSEN:
Mark, certo.

VAN OMMEREN:
Van Ommeren.

SØRENSEN:
Mark van Ommeren, ótimo. Mark, quando foi a última vez que você participou de uma batida policial de verdade? Nas ruas mesmo... Estou falando de agir numa situação de emergência, antes de você entrar para o Departamento de Investigação Criminal?

VAN OMMEREN:
Em 2008, mas...

SØRENSEN:
E isso foi em Amsterdã?

VAN OMMEREN:
Distrito Sul, Sr. Sørensen.

SØRENSEN:
Um bairro tranquilo...

VAN OMMEREN:
Diamantbuurt.²

SØRENSEN:
Preste atenção, Mark, tenho alguns homens e mulheres incríveis trabalhando para mim. Eles trabalham o tempo todo sobre um campo minado. Tudo o que fazemos é examinado microscopicamente. Uma pequena comoção já ganha repercussão imediata em todo o país. Meu pessoal trabalha duro para impor um pouco de ordem nesta sociedade. Eles passam o dia todo apertando a mão das pessoas da vizinhança, são amigáveis a ponto de deixá-los deitar e rolar, fazem o seu melhor para não — *inshallem* — irritar ninguém. Pequenos crimes que corrigimos com um piscar de olhos e um aceno de cabeça. Todos nós podemos recitar o manual de treinamento de desescalonização com os pés nas costas. Mas aí você para uma criança na rua uma vez e, antes que perceba, uma pequena aplicação da lei se transforma em um motim racial.

VAN OMMEREN:
Então você está dizendo que o garoto foi legalmente detido.

SØRENSEN:
Ele jogou uma pedra numa janela.

VAN OMMEREN:
E isso justifica pegar tão pesado com ele?

SØRENSEN:
Se o garoto resistir e convocar todos os seus seguidores aficionados de WhatsApp, sim.

VAN OMMEREN:
Amigos que não foram detidos.

SØRENSEN:
Sim, mas amigos que começaram a filmar tudo exatamente no momento certo, e então rapidamente colocaram tudo no YouTube. Olha

---

2. Diamantbuurt: região de Amsterdã onde há tensão entre holandeses nativos e imigrantes, principalmente de ascendência marroquina.

aqui, Mark, eu vou para a cama com esta vizinhança e me levanto com ela de manhã também. É um lugar fantástico, e eu odeio isso. Quando comecei a trabalhar aqui, meu maior sonho era fazer algo por 95% da população que só quer ter uma vida boa. Trezentos e sessenta e três dias por ano, nada acontece aqui. Mas, alguns dias por ano, algo dá errado: uma unidade de armazenamento é esvaziada e acaba sendo a residência do autoproclamado embaixador do ISIS; uma bala é disparada e acaba no pescoço de um suspeito armado, mas o cara errado, infelizmente; algum moleque desaparece porque tem medo do que o papai vai fazer depois que ele se mete em problemas e fica longe por uma ou duas noites.

VAN OMMEREN:
Ou porque algo de muito errado aconteceu nesta delegacia.

Cena 2 // Dia 1, 14h00

Ao lado da máquina de café.

BRATUSEK:
Ah, deixe-me listar para você as coisas que dão errado por aqui todos os dias: a máquina de café não é limpa há anos, os computadores ainda funcionam com XP, deu bug no sistema de dados na Hoefkade e na Heemstraat,[3] o celular que eles me deram meu sobrinho não iria querer nem que fosse de graça e os carros que a polícia nacional comprou na aquisição conjunta servem para circular por Apeldoorn e arredores, mas...

VAN OMMEREN:
O que aconteceu de errado com Ismaël Ahmedovic?

BRATUSEK:
O garoto jogou uma pedra na janela do teatro Spinoza, foi isso que aconteceu de errado.

---

3. Duas delegacias de polícia em Haia.

VAN OMMEREN:
E então foi intimidado por um policial...

BRATUSEK:
É o que estão dizendo...

VAN OMMEREN:
O vídeo está nos *trending topics* das redes sociais.

BRATUSEK:
Não na minha linha do tempo.

VAN OMMEREN:
E foi trazido para esta delegacia de forma humilhante.

BRATUSEK:
Desculpe, estou sendo interrogada agora?

VAN OMMEREN:
Peço desculpas, não estou acusando você de nada.

BRATUSEK:
Achei que íamos trabalhar juntos.

VAN OMMEREN:
De fato. Eu esperava que você pudesse me ensinar como as coisas funcionam por aqui.

BRATUSEK:
E não apenas buscar café para você.

VAN OMMEREN:
Chá de agora em diante, por favor.

BRATUSEK:
Todo o chá que bebemos por aqui tem selo Fairtrade — durante a megafusão, a aquisição conjunta de saquinhos de chá foi praticamente o único projeto que funcionou.

SØRENSEN:
[*entrando em cena*] Então, pelo visto, vocês dois já se encontraram.

BRATUSEK:
Sim, e foi amor à primeira vista.

SØRENSEN:
[*saindo de cena*] Ótimo, ótimo, ótimo.

BRATUSEK:
Então você é *o* famoso Mark van Ommeren. Do Departamento de Assuntos Internos.

VAN OMMEREN:
Sim, e você é, humm...

BRATUSEK:
Não foi muito gentil da sua parte, Mark.

VAN OMMEREN:
Espere um pouco...

BRATUSEK:
Ludmilla Bratusek. Não é meu nome de guerra.

VAN OMMEREN:
Estava na ponta da língua.

BRATUSEK:
Bem, lá em Amsterdã pelo menos eles ensinaram você a mentir.

VAN OMMEREN:
Nascido e criado em Roterdã.

BRATUSEK:
E você não sabe nada sobre Haia.

VAN OMMEREN:
Eu sou forasteiro... É por isso que estou aqui.

BRATUSEK:
Para delatar a gente... Ei, estou brincando!

VAN OMMEREN:
São só protocolos.

BRATUSEK:
Só política, você quer dizer. Mas não importa. Você vai resolver tudo num piscar de olhos, de qualquer maneira.

VAN OMMEREN:
Foi exatamente o que seu superintendente disse.

BRATUSEK:
Amanhã faremos uma coletiva de imprensa. Calmamente, diremos a todos que nossas câmeras mostram que o policial deteve o garoto de maneira muito pacífica. E que a agressão verbal — pela qual o policial em questão será obrigado a fazer um curso de empatia com duração de dois dias — só começou depois que os outros meninos se envolveram e provocaram nosso colega, com gestos verbais e físicos inadequados. Em seguida, o garoto foi levado para a delegacia para sua própria segurança e liberado novamente 15 minutos depois.

VAN OMMEREN:
É lamentável, então, que antes todos tenham negado categoricamente que ele tinha estado aqui.

BRATUSEK:
Nossos colegas da manhã ficaram completamente pasmos com a acusação bizarra de que estávamos envolvidos no desaparecimento de uma criança. "Uma criança negra desapareceu, e a polícia racista foi a culpada de novo." Que porra é essa que as pessoas pensam por aí? Quando você é atacado assim, seu primeiro reflexo é negar. Foi errado, eu admito. Mas, por falar nisso, aquele garoto nunca foi oficialmente preso...

Cena 3 // Dia 1, 14h33

Refeitório da polícia.

WILZEN:
Você sabe o que aconteceu.

BRATUSEK:
Canecaccino, David?

VAN OMMEREN:
Onde está Ismaël Ahmedovic?

WILZEN:
Que gentil, dois torrões de açúcar.

BRATUSEK:
Canecaccino: abreviação de caneca de café e...

VAN OMMEREN:
Cappuccino. Entendi.

WILZEN:
Eu não tenho a menor ideia de onde aquele garoto está, Mark.

VAN OMMEREN:
Você diz que o deixou ir embora.

WILZEN:
Como posso deixá-lo ir se ele nem mesmo foi preso formalmente?

BRATUSEK:
Adoçante não seria melhor, Dave?

VAN OMMEREN:
Mas depois que você o levou para a delegacia...

WILZEN:
Eu o liberei 15 minutos depois, pela porta dos fundos.

BRATUSEK:
Se eu fosse você, com essa intuição que você tem, acho que praticaria o Ramadã este ano.

VAN OMMEREN:
Por que você o liberou tão rápido?

WILZEN:
O que mais eu deveria fazer com a criança?

VAN OMMEREN:
Você a trouxe até aqui.

WILZEN:
Simplesmente estava sem vontade de preencher o formulário A, ir ao supervisor para um carimbo no formulário B, inserir todos os dados no sistema, entrar em contato com o promotor-assistente, ligar para

as senhoras da assistência à infância, enviar e-mail para a escola primária e enganar o assistente social.

VAN OMMEREN:
Então você lhe deu uma lição, enfiou o menino na cela da prisão temporária e depois o colocou de volta na rua.

WILZEN:
Sim... Credo, esta coisa está fervendo.

VAN OMMEREN:
Que lição você deu nele?

WILZEN:
Sim, como eu disse a você: eu o coloquei de volta na rua.

VAN OMMEREN:
Depois que ele aprendeu a lição.

WILZEN:
Não sei de que tipo de lição você está falando, Mark.

VAN OMMEREN:
Você disse que deu uma lição nele.

WILZEN:
Não, *você* disse isso. Quer saber, estou muito cansado disso tudo. Talvez meu advogado devesse...

VAN OMMEREN:
Porque você cometeu um erro?

WILZEN:
Porque eu tenho direito, não tenho?

VAN OMMEREN:
Por que apelar para os seus direitos quando estamos apenas tomando uma xícara de café e falando sobre uma criança que não foi formalmente presa e foi embora 15 minutos depois sem nenhuma acusação?

WILZEN:
Você nunca deu um susto em uma criança assim, Mark? Ou você apenas deixa aqueles turcos e marroquinos assustarem você para caralho lá em Amsterdã?

VAN OMMEREN:
Assustar para caralho? /
Uma criança de 11 anos?

BRATUSEK:
Basta, Mark.

WILZEN:
Está tudo gravado. Nada aconteceu.

VAN OMMEREN:
Você sabe muito bem que não tem nada na fita. Só você indo em direção à escrivaninha, isso, sim, aparece, mas o que aconteceu no corredor lá atrás, não. Porque, de repente, hoje de manhã, a câmera lá de trás quebrou.

WILZEN:
Essa câmera está piscando há meses. E, mesmo que funcionasse, levaria cinco dias para que toda a bagunça fosse convertida do Betamax e transferida para o DVD, para que pudéssemos ver as fotos também. O que aconteceu naquele corredor foi muito simples: eu dei àquele garoto o que faltou a ele durante toda a vida.

VAN OMMEREN:
E isso é...?

WILZEN:
Educação. Eu olhei fundo nos grandes olhos castanhos dele e disse que ele não deveria dizer frases como "policial de merda", e que "mantenha suas mãos racistas longe de mim" também passava dos limites. Que, aos 11 anos, você deveria estar jogando futebol em vez de destruir a vizinhança. E que, quando a polícia o repreende por alguma coisa, você precisa sentir muito medo e ser muito educado.

VAN OMMEREN:
Então ele não estava com medo ou não foi educado o suficiente?

WILZEN:
Ele era desbocado.

VAN OMMEREN:
E o que você fez a respeito disso?

WILZEN:
Enfiei meu pau na boca dele! Está satisfeito agora?

VAN OMMEREN:
Isso não é uma piada, David. Na verdade, você está com um problemão nas mãos. Você aparece em todas as redes sociais segurando uma criança pela nuca e gritando para um bando de curiosos, dizendo para eles calarem a boca. Aí você liga para chamar o reforço policial e grita que "os filhotes dos Panteras Negras estão correndo soltos de novo" e que você está sendo ameaçado por "atolar o pé nesse lamaçal do babaca do Tofik Dibi".[4] Esse vídeo foi compartilhado 8.543 vezes até agora, e esta noite vai aparecer na abertura de todos os grandes *talk shows*. Você fez o garoto correr ao lado da sua motocicleta até a delegacia. Lá, indo contra todas as regras da polícia, o garoto não foi oficialmente registrado. Nem a permanência dele na cela de prisão temporária, nem a saída dele pela porta dos fundos — o que nenhum de seus colegas viu, aliás. E no corredor atrás da recepção, você deu uma lição naquele garoto. Deixando de lado por um minuto a questão do que isso significa para a sua posição na corporação, já se passaram exatamente 14 horas e 27 minutos, e ainda não há sinal de Ismaël. Onde você estava ontem à noite?

WILZEN:
Você está indo longe demais!

BRATUSEK:
Mark, podemos conversar um pouco?

VAN OMMEREN:
Posso ir muito mais longe: em quem você votou nas últimas eleições?

---

4. Tovek "Tofik" Dibi: ex-político holandês do partido GroenLinks (Esquerda Verde). Dibi foi membro do Parlamento de 30 de novembro de 2006 a 19 de setembro de 2012. Ele é considerado um dos primeiros muçulmanos de projeção na política nacional.

WILZEN:
Wilders.[5] E você? / Kuzu?[6]

BRATUSEK:
Você não tem que responder a isso, David.

VAN OMMEREN:
Eu não voto.

WILZEN:
Isso me torna um racista? / Eu cresci em Duindorp.[7] Por que você não toma nota disso? Ontem à noite eu estava com a minha namorada, passamos a noite toda assistindo à Netflix.

BRATUSEK:
Gente, calma!

VAN OMMEREN:
Deixe-me adivinhar: *Game of Thrones*.

WILZEN:
Orange is the New Black, porque a filha dela gosta muito.

VAN OMMEREN:
Então a criança não teve medo ou não foi educada o bastante? A lição que você deu acabou sendo um pouco dura para ela? Ou você decidiu procurá-la ontem à noite para dar uma lição a mais?

WILZEN:
Eu fiz o meu trabalho. Quando uma criança joga uma pedra na janela, eu vou atrás dela. Se fosse um garoto branco, eu teria feito exatamente a mesma coisa — mas você não vê muitos por esta área. São sempre aqueles adolescentes "de certa origem étnica" matando aula, são eles que fazem disso um espetáculo. "Ligue sua câmera e humilhe um policial!"

---

5. Geert Wilders: parlamentar e membro-fundador do PVV (Partido pela Liberdade), político de extrema direita, anti-imigração.
6. Tunahan Kuzu: parlamentar e membro-fundador do partido político "Denk", que defende os direitos dos imigrantes da Holanda. Kuzu tem ascendência turca.
7. Duindorp: bairro operário da costa de Haia.

Cena 4 // Dia 1, 14h55

Escritório do superintendente.

SØRENSEN:
Mark, preste atenção. Você não pode entrar aqui galopando como um caubói e agir como um louco, como se estivesse investigando a última execução no submundo de Amsterdã. Isso é Haia, cara! Pernas cruzadas, dedo mínimo no ar, Paul van Vliet.[8] Suas estratégias e essa sua abordagem agressiva de Amsterdã têm consequências por aqui!

VAN OMMEREN:
As manifestações em frente a este prédio já estavam acontecendo esta manhã, antes mesmo de eu chegar.

SØRENSEN:
Mas a multidão cresceu desde então, até a praça Hobbema! Eles fecharam o mercado hoje cedo, e isso é um péssimo sinal. Você ouve os gritos? "Justiça para Ismaël!", "David Wilzen racista!", "Devolva o corpo de Ismaël!". O advogado de Wilzen está furioso com o interrogatório a que você submeteu o cliente dele. Wilzen se sente desprezado, estigmatizado, difamado...

VAN OMMEREN:
Estranho, então, que ele tenha sido a pessoa que tornou público o nome de Wilzen.

SØRENSEN:
A foto dele está sendo compartilhada em todas as redes sociais. As primeiras estrelas de David já foram pintadas nas paredes externas desta delegacia! E, enquanto isso, a Equipe de Prevenção do Bairro, se sentindo toda grande e poderosa, está exigindo informações, porque, caso contrário, eles não podem garantir que serão capazes de manter as coisas sob controle. [*bate impacientemente na tecla de um computador*] Por que este computador não está funcionando?!

---

8. Paul van Vliet: comediante holandês cujas *gags* frequentemente satirizam a alta sociedade.

BRATUSEK:
Porque todos os carregadores sumiram.

SØRENSEN:
Deixe-me dar uma perspectiva um pouco mais ampla. Ismaël Ahmedovic é o meio-irmão caçula de Damir Ahmedovic...

VAN OMMEREN:
Esse nome não me diz nada.

SØRENSEN:
Damir é um jovem extremamente talentoso da vizinhança / que até apareceu em alguns programas de entrevistas da TV nacional. Ele também é um dos coordenadores da Equipe de Prevenção da Vizinhança.

BRATUSEK:
Um muçulmano exemplar.

VAN OMMEREN:
Equipe de Prevenção da Vizinhança?

BRATUSEK:
A polícia da Xaria.

SØRENSEN:
Bratusek, cuidado com o que fala. É um projeto fantástico. Pais e irmãos mais velhos ficam de olho em tudo, intervêm quando necessário e assim dão apoio ativo à polícia. Eles percebem os primeiros sinais de radicalização, conhecem a linguagem necessária para se comunicar com os meninos de rua. Os homens da EPV são nossos olhos e ouvidos nas partes do bairro que não frequentamos.

BRATUSEK:
Que não nos atrevemos a frequentar.

SØRENSEN:
Mas, nos últimos meses, nosso relacionamento com a EPV tem sido tenso, por causa do projeto do bar de vinhos.

VAN OMMEREN:
Eu deveria estar anotando tudo isso.

SØRENSEN:
Outra iniciativa fantástica aqui do bairro. Um empreendimento cooperativo entre o governo municipal, a Fundação Smit-Kroes e o teatro Spinoza. Um bar de vinhos para os muçulmanos emancipados.

BRATUSEK:
[*falando com sotaque marroquino*] Do que, infelizmente, nossos irmãos não gostam.

SØRENSEN:
Todo mundo tem direito a uma opinião, Bratusek, até os salafistas.

VAN OMMEREN:
Acabei de ouvir você imitar o sotaque marroquino?

BRATUSEK:
Foi uma piada! Credo...

SØRENSEN:
Não devemos dar muita importância a isso. O bar de vinhos vai abrir no próximo mês, como o planejado, logo após o Ramadã. A EPV, a pedido urgente do gabinete do prefeito, do promotor de justiça e do nosso comissário, foi temporariamente afastada deste assunto delicado. Talvez isso lhe dê uma ideia do tipo de situação sensível em que estamos envolvidos.

VAN OMMEREN:
Mas isso não tem nada a ver com o que estamos investigando.

BRATUSEK:
Meu Deus, vai ser um longo dia.

SØRENSEN:
Ah, sim: a pedra em questão foi atirada na janela do lugar que vai ser o bar de vinhos.

VAN OMMEREN:
Eu gostaria de falar com ele, com esse... [*consulta suas anotações*] Damir Ahmedovic.

SØRENSEN:
Em uma situação tensa como esta, precisamos muito do apoio da EPV. Então, se você falar com Damir Ahmedovic, gostaria de lhe pedir que faça isso com cuidado, como se estivesse andando em uma loja de porcelanas.

Cena 5 // Dia 1, 15h45

Sala de interrogatório.

DAMIR:
Você tem alguma ideia de onde meu irmão está?

VAN OMMEREN:
Neste momento...

BRATUSEK:
Não há nada que possamos dizer sobre isso.

DAMIR:
Isso é uma grande decepção. Neste caso, devo pedir que continuem esta conversa com o Sr. Sørensen.

VAN OMMEREN:
Temos apenas mais algumas perguntas...

BRATUSEK:
Isso não é possível no momento...

DAMIR:
Não estou aqui apenas como familiar da vítima, mas também como representante da Equipe de Prevenção da Vizinhança. Sendo assim, eu gostaria muito de consultar o superintendente da sua equipe o mais rápido possível.

VAN OMMEREN:
E você queria falar com ele sobre...?

DAMIR:
A situação insustentável criada pelos acontecimentos das últimas 16 horas. A EPV está ansiosa para assumir o comando, como tem feito

nos últimos anos. Isso é impossível, no entanto, quando não estamos totalmente envolvidos no fluxo de informações e no desenvolvimento de uma estratégia conjunta para restaurar a calma no bairro e trazer meu irmão para casa.

BRATUSEK:
Eu vou passar sua solicitação adiante.

DAMIR:
Tenho a sensação de que você não está me levando a sério.

BRATUSEK:
O quê? O que eu fiz agora...?

DAMIR:
Você riu das minhas palavras. / Você pensou: "Nossa, como ele fala bem holandês, com frases elaboradas, corretas." / Pensou: "Quem esse garoto pensa que é? Mas é divertido, então vou apenas entrar na onda, não vou criar confusão."

BRATUSEK:
Eu fiz isso?

VAN OMMEREN:
Com certeza.

BRATUSEK:
Não temos absolutamente nenhuma razão para não criar confusão, amigo.

DAMIR:
Ah, você tem! Sem a EPV, a polícia neste bairro não vale nada.

VAN OMMEREN:
É uma afirmação ousada.

DAMIR:
Não, é uma citação da ata da reunião da Câmara Municipal de 12 de dezembro, em que se discutiu a escassez de mão de obra da corporação e se constatou que a polícia, para manter a ordem neste bairro, parecia extremamente dependente da boa vontade daquela que algumas pessoas chamam "polícia da Xaria".

VAN OMMEREN:
O que vocês não são.

DAMIR:
Não, a Xaria está em vigor em cerca de cinco países muçulmanos, e a Holanda não é um deles, pelo menos não por enquanto.

VAN OMMEREN:
Tudo bem, então vamos voltar ao assunto em questão...

DAMIR:
Você está ciente, espero, de que neste momento a polícia perdeu qualquer resquício de credibilidade nas ruas. Carros da polícia estão sendo atacados, seus colegas mal se atrevem a sair da delegacia...

BRATUSEK:
Por causa de acusações totalmente fabricadas.

VAN OMMEREN:
Bratusek...

DAMIR:
O próprio advogado do policial Wilzen vazou para a mídia que ele está sob investigação interna, que é suspeito de ter deixado todo esse caso sair do controle.

VAN OMMEREN:
E é exatamente isso que estamos tentando...

BRATUSEK:
Mas é claro que isso não significa que ele matou o garoto e o jogou nas dunas, como seus amiguinhos do Facebook afirmam.

DAMIR:
Mas, neste momento, você não pode descartar isso com 100% de certeza. O "garoto" a quem você está se referindo é meu irmão mais novo, Ismaël. Nós somos as vítimas aqui, não a polícia, não vocês. Nós que somos! Então, por favor, vamos tentar nos concentrar em nosso interesse comum: a paz e a tranquilidade deste bairro. E na vida do meu irmão.

Cena 6 // Dia 1, 16h30

Escritório do supervisor.

GEIJSSEN:
Se o gabinete do prefeito e o conselho decidirem que o bar de vinhos vai abrir o quanto antes, a qualquer custo, então não depende de você, Thomas. Nem depende de mim...

SØRENSEN:
Se aquele bar abrir antes do planejado, vou ficar em maus lençóis com a EPV...

GEIJSSEN:
Você deveria estar feliz por eu ter me embrenhado naquela multidão gritando lá fora para vir dizer isso a você pessoalmente.

SØRENSEN:
Eu preciso desses caras agora, mais do que nunca.

GEIJSSEN:
E no que diz respeito ao quartel-general, não fale mais com aqueles idiotas! Desde que Krikke[9] assumiu o cargo, o apoio público à EPV desapareceu como neve no sol. Não podemos nos permitir entregar nossa própria segurança a meia dúzia de meninos marroquinos que vivem nas ruas... / Cujos verdadeiros objetivos não podemos acessar. Você leu o relatório, Thomas. Algumas dessas crianças frequentam as mesquitas radicais...

SØRENSEN:
O garoto é da Bósnia!

BRATUSEK:
Eu também tenho sangue marroquino.

---

9. Pauline Christine Krikke: prefeita de Haia entre 2017 e 2019.

SØRENSEN:
Se a véspera do ano-novo está mais tranquila do que nunca, é graças aos homens da mesquita As-Sunnah. / Além disso, aquela mesquita deixou de ser radical assim há anos.

VAN OMMEREN:
Sério?

BRATUSEK:
Sim, no meu para-choque.

SØRENSEN:
Eu vi os relatórios da agência de segurança!

BRATUSEK:
Jesus!

GEIJSSEN:
Seja honesto comigo agora. / A questão é: se eles são os que mantêm a paz por aqui, então isso significa que eles também podem abrir as portas do inferno se for conveniente para eles?

BRATUSEK:
Você realmente não tem senso de humor.

SØRENSEN:
Espera aí, isso é paranoia completa!

GEIJSSEN:
Você esquece o fato de que o salafismo tem prosperado aqui nos últimos dez anos. / Tornou-se impossível para uma jovem muçulmana ir à cidade sozinha e parar na sede do clube para tomar um vinho *rosé*. / Mais crianças deixaram seu bairro pela Síria do que qualquer outro bairro do país.

SØRENSEN:
Lá vamos nós novamente...

SØRENSEN:
Isso de repente se tornou um trabalho para as autoridades policiais também?

SØRENSEN:
A EPV como uma quinta-coluna.

VAN OMMEREN:
Sr. Sørensen...

GEIJSSEN:
Os pontos de vista da EPV são improcedentes. Se esses caras se voltarem contra o bar de vinhos à queima-roupa — e contra a política municipal de ponta ao mesmo tempo —, será o fim da história.

SØRENSEN:
Eu vou falar com eles.

GEIJSSEN:
Vamos parar com essa conversa piegas, Thomas, chega de chás da tarde. Essas equipes não foram definidas para que esses personagens pudessem se expressar pessoalmente ou politicamente. Eles estão lá porque a guarda civil estava ficando muito cara e nós preferimos estourar rolhas na véspera de ano-novo. Como autoridade pública, antes que perceba, você é arrastado para todos os tipos de rixa de famílias religiosas.

SØRENSEN:
Rixas de famílias religiosas? A relação entre Damir e a madrasta estava completamente destruída, muito antes de todo esse negócio de bar de vinhos...

VAN OMMEREN:
Espere um minuto. Madrasta? O que a madrasta de Damir tem a ver com isso?

SØRENSEN:
A senhora malinesa que é a verdadeira dona do bar de vinhos / é mãe de Ismaël e madrasta de Damir.

BRATUSEK:
Mariam Traoré...

VAN OMMEREN:
Espere um segundo...

BRATUSEK:
Bem-vindo a Schilderswijk.

SØRENSEN:
Ismaël e Damir têm o mesmo pai, um bósnio. O cara trabalhava pesado na Estação Laak, história antiga, mas voltou para Saraievo no ano passado. Há alguns anos, por livre e espontânea vontade, os meninos foram morar com uma família adotiva aqui em Haia.

VAN OMMEREN:
Então Ismaël jogou uma pedra na janela do bar de vinhos da própria mãe. / Loja contra a qual seu irmão Damir estava organizando protestos. / E por que você está me dizendo isso só agora?

SØRENSEN:
Mãe biológica, certo.
BRATUSEK:
Olha só, você é esperto!

GEIJSSEN:
O bar vai abrir no próximo mês, ponto final. Não importa o que a EPV ou qualquer outra pessoa diga. Seu trabalho é encerrar o dossiê de Wilzen. Aquele moleque vai aparecer antes que você perceba. Mas com um alvoroço no Twitter como este, cada minuto importa.

Cena 7 // Dia 1, 17h15

Sala de interrogatório.

MARIAM:
Eu disse a mim mesma: "Ele voltará quando for a hora." Mas eu podia sentir que algo ruim tinha acontecido. Você tem filhos? Eu senti, senti aqui e aqui. Ismaël se foi e não vai voltar. *Mon cher petit.* Ele nunca me mordeu quando mamava. Mas na noite passada meus seios doeram. Quase não conseguia respirar. Eu puxava o ar, mas não conseguia respirar. Tive de sair de casa. Fiquei lá na Van Ostadestraat de camisola, chorando. *Où est mon petit garçon?*

VAN OMMEREN:
A polícia está realmente fazendo tudo para encontrar seu filho o mais rápido possível.

MARIAM:
Isso é o que uma mãe mais teme: ouvir alguém dizer isso. / [*Bratusek lhe oferece um lenço*] Obrigada, senhora.

BRATUSEK:
Um lencinho? Comprei esta tarde, de uma daquelas senhoras no trem.

VAN OMMEREN:
Por que Ismaël jogou uma pedra na janela do bar de vinhos que você pretende abrir?

MARIAM:
Um menino de 11 anos pensa que uma mulher não deve beber álcool e que ela deve ser apedrejada por isso? Um menino assim tem convicções políticas? Ou uma criança assim foi mandada por alguém? Pessoas o pressionam a fazer isso e oferecem uma recompensa? "É, *mon gar*, jogue essa pedra — vou lhe dar meu celular velho." Eu vi os olhos dele.

VAN OMMEREN:
Você viu os olhos dele?

MARIAM:
Eu estava parada na janela.

VAN OMMEREN:
Você estava na janela.

MARIAM:
Nós olhamos um para o outro.

VAN OMMEREN:
Mas, mesmo assim, ele jogou a pedra.

MARIAM:
Não faça isso, *mon petit*. Ele baixou os olhos e jogou sem olhar. O vidro quebrou. Fiquei ali parada, estática, sentindo o ar quente soprando. O vidro se espatifou no chão, a pedra ao lado do meu pé. Olhamos um para o outro novamente por um momento, e eu vi o medo nos olhos dele. *Mon pauvre petit.* Fechei os olhos, não queria que ele visse minhas lágrimas. Quando os abri novamente, ele havia sumido. Dez segundos depois, aquele policial passou de motocicleta, com o motor roncando.

BRATUSEK:
Quem foi exatamente que pressionou Ismaël a fazer isso?

MARIAM:
O que David Wilzen fez com meu filho?

BRATUSEK:
Membros da EPV, talvez?

MARIAM:
Ele fez Ismaël correr ao lado de sua motocicleta — *comme une bête*!

BRATUSEK:
Damir o pressionou?

MARIAM:
Dizem que seu corpo está nas dunas...

BRATUSEK:
Dizem todo tipo de coisa. Por favor, responda às minhas perguntas, está bem?

VAN OMMEREN:
Bratusek.

MARIAM:
No momento em que ele nasceu, eu já sabia: "Este corpo não está seguro aqui." Seu corpo negro em um mundo branco. Sua pele é sempre a primeira coisa que todo mundo vê. Eu esfreguei para tirar dele essa cor. Ensinei-lhe que deveria continuar fazendo o melhor por toda a vida. "Desaprenda tudo o que vem de sua origem negra, fale corretamente, diga 'por favor' e 'obrigado', 'senhor', 'senhora'. Seja sempre duas vezes melhor do que o resto." Traga o corpo dele. Prefiro ver seu corpo morto agora do que ter de viver por mais tempo nessa incerteza. *Je vous en prie. Aidez-moi.*

Cena 8 // Dia 2, 8h09

Todos na delegacia estão assistindo a um vlog do Urso de Haia.

O URSO:

Ei, aqui está o Ursão do Mal, de volta às cinco para a meia-noite, quando a batalha estourou na antiga Cidade da Justiça e da Paz.[10] Vão tentar me bloquear, então divulgue tudo o que eu disser. Estou falando sobre o desaparecimento de Ismaël. Os sonhos de deportação, ao que parece, estão se tornando realidade, com um filho da puta de um ladrão levando nossas crianças durante a noite. Mas a selva nunca dorme e você foi identificado, seu imbecil. Quem sabe? Talvez tamanha repercussão tenha a ver com os perfis das minorias, que aumentaram demais da conta. O caso está em banho-maria? Eles perderam o gato branco de alguém da parte rica da cidade? Ou é o início do Grande Expurgo? Seja o que for, esta noite o palácio da polícia está ardendo em chamas e a cidadezinha falsa de vocês está pegando fogo. Bombas de testosterona contra canhões de água. Seu gás lacrimogêneo é gás hilariante, porque sabemos que é tudo uma piada. Vamos quebrar alguns copos de coquetel molotov, fazer uma Noite dos Cristais só para vocês. Queime, *baby*, queime. E isso não é conversa fiada, isso é papo reto, porque eu realmente sinto muito por todos os envolvidos, e é o velho mecanismo de ação e reação que está colorindo o Centro de vermelho. Oh! Ismaël! Um conselho para os amigos de Ismaël: mantenham-se fiéis a vocês mesmos quando a guerra começar; vocês deixaram isso acontecer, vocês têm sangue nas mãos. No fim de tudo, sua própria vizinhança é que estará pegando fogo. *Haters* e simpatizantes, comentem o vídeo, sigam o Ursão e repostem! Amanhã, vou trazer relatórios do campo de batalha, se estas ruínas ainda estiverem de pé.

Cena 9 // Dia 2, 8h44

Sala de interrogatório. Van Ommeren fecha um notebook que estava usando para mostrar um vídeo.

---

10. Haia se autoproclama "Cidade Internacional da Justiça e da Paz".

ADVOGADO:
David, eu o aconselho a ficar em silêncio / e a não fazer mais declarações até que se saiba mais sobre as acusações oficiais.

WILZEN:
Não tenho nada a esconder.

BRATUSEK:
Não há acusações oficiais.

ADVOGADO:
Então o que estamos fazendo aqui?

VAN OMMEREN:
Queremos apenas fazer algumas perguntas.

WILZEN:
Mas não é mais uma conversinha amistosa ao lado da máquina de café.

BRATUSEK:
Infelizmente, a máquina de café está quebrada no momento.

VAN OMMEREN:
Essas gravações mostram que aconteceu algo mais no corredor atrás da escrivaninha, mais do que uma simples conversa franca entre um "substituto" e uma criança de 11 anos.

ADVOGADO:
Isso é pura especulação.

VAN OMMEREN:
Vamos dar outra olhada no DVD?

BRATUSEK:
Infelizmente, o notebook terá de esfriar um pouco primeiro.

VAN OMMEREN:
Às 18h33, seu cliente entra na delegacia com Ismaël Ahmedovic. Ele arrasta o garoto, passando pela escri-

vaninha à direita, em direção ao pátio. / Normalmente, uma caminhada de apenas alguns segundos, mas eles chegam lá apenas às 18h37 — quatro minutos depois. O menino está em pânico, ele está chorando e tentando chamar a atenção de um policial próximo, apontando para o pulso o tempo todo. / Então seu cliente volta à câmera e ativamente faz de tudo para garantir que seu colega não dê ao menino qualquer atenção. David, você poderia descrever o que você viu, com suas próprias palavras?

WILZEN:
Arrasta?

ADVOGADO:
David, eu realmente...

WILZEN:
O menino está atuando, está agindo como se seu pulso estivesse quebrado.

VAN OMMEREN:
Ele está *atuando*, está agindo como se seu pulso estivesse quebrado. / Você tem experiência com teatro infantil?

ADVOGADO:
Olá, vocês dois, ainda estou aqui...

WILZEN:
Eles são todos atores veteranos. Estão sempre choramingando, exagerando os fatos e mentindo. Eles aprendem a fazer isso ainda no colo da mãe.

ADVOGADO:
Como toda criança faz, é o que David quer dizer.

VAN OMMEREN:
Não, não acho que seja isso que David quer dizer. Acho que David está falando do colo de uma mãe coberto por uma *djellaba*. Ele quer dizer que esse tipo de mentira faz parte da cultura deles. Que Ismaël não estava gritando por ajuda, mas por atenção estratégica.

WILZEN:
Eu não quebrei o pulso daquele garoto.

ADVOGADO:
David, pelo amor de Deus...

VAN OMMEREN:
Então você percebeu que havia algo de errado com o pulso dele? / Será que você o empurrou um pouco forte demais, e ele caiu e quebrou o pulso? / Ou você o puxou com muita força quando o fez correr ao lado da sua motocicleta?

ADVOGADO:
Você não pode estar falando sério!

ADVOGADO:
Mais uma especulação.

WILZEN:
Não falo mais nada.

ADVOGADO:
Obrigado. Eu posso então perguntar qual é o propósito desse show multimídia malfeito? Meu cliente já está na sua lista há 24 horas. Ele recebeu ameaças de morte. A filha do parceiro dele está tendo de ir para a escola com escolta policial. E, em vez de apresentar fatos sólidos, você nos mostra uma montagem cinematográfica tendenciosa que insinua que meu cliente usou a força...

VAN OMMEREN:
Hoje de manhã, mostrei esta mesma montagem tendenciosa ao colega do seu cliente. Ele afirmou que, às 18h39, Ismaël Ahmedovic lhe disse / que seu cliente o havia golpeado. "Eu caí quando chegamos perto da escrivaninha. Ele começou a me chutar. Minha mão está doendo muito." Fim da citação. / Seu cliente então disse ao colega para não dar atenção àquele palhaço, que ele passaria no posto de primeiros socorros com ele. / É claro que também liguei para o posto de primeiros socorros mais próximo...

WILZEN:
Quem? Youssef?

WILZEN:
Isso é uma bobagem.

WILZEN:
O que é isso, pelo amor de Deus?

WILZEN:
Eu o liberei, isso foi tudo o que aconteceu.

VAN OMMEREN:
Às 18h46, você largou um menino de 11 anos que gritava de dor na calçada da Heemstraat. Às 18h49 você faz um café na máquina, mas às 18h50 você decide deixar seu *canecaccino* ali. Às 18h55 você vai embora do trabalho, dizendo que está doente. Nove minutos depois da chegada de Ismaël Ahmedovic à Heemstraat, você chega à Heemstraat também.

Cena 10 // Dia 2, 10h00

Lineke Kuypers, com sua equipe de filmagem, entrevista Sørensen e Damir no corredor da delegacia.

SØRENSEN:
Eu não chamaria o que aconteceu ontem à noite de protesto, Sra. Kuypers. Aquilo foi puro vandalismo. Posso dizer a vocês que eu e Damir Ahmedovic — ele, em nome da EPV — acabamos de fazer uma série de acordos claros sobre nossos esforços conjuntos para restaurar a ordem neste bairro.

DAMIR:
A EPV está estarrecida com os graves acontecimentos da noite passada. O tumulto nos pegou completamente de surpresa. Nossa capacidade de negociação foi consideravelmente enfraquecida nas últimas semanas, desde que o gabinete do comissário vetou nosso acesso a um dossiê de segurança crucial.

KUYPERS:
Que dossiê era esse?

DAMIR:
Você sabe tão bem quanto eu que me referia ao dossiê do bar *haram*.

SØRENSEN:
Bar *halal*.

DAMIR:
Os acontecimentos dos últimos dias provam que o bar *halal* é um estopim aceso no barril de dinamite deste bairro. Ele está gerando muito ódio, está polarizando a vizinhança...

KUYPERS:
E em troca da tranquilidade do bairro, é verdade que sua equipe recebeu a promessa de que o bar de vinhos não abrirá no mês que vem?

DAMIR:
A verdadeira pergunta é: todos podem contribuir para a discussão? Ou certas coisas são impostas a nós, de cima para baixo? Na realidade, isso tem a ver com senhoras sedentas por bebida, ou com políticos que querem subir nas pesquisas? Quando vamos finalmente tentar viver em paz?

KUYPERS:
Damir, você reconhece este panfleto? É verdade que os membros da EPV têm distribuído este panfleto sem parar nos últimos dias?

SØRENSEN:
Isso é pura especulação, Sra. Kuypers.

Cena 11 // Dia 2, 12h57

Sala de interrogatório.

IDA:
Isso é totalmente inaceitável. Depois de quase 48 horas, ninguém tem a menor ideia de onde nosso Ismaël pode estar. A polícia diz que está procurando por toda parte, mas não encontra *nada*. A única coisa que nos dizem é para *termos paciência e esperar*. Agora, finalmente, você nos pede que venhamos aqui, mas você só quer falar sobre meu outro filho adotivo. Estamos aqui sendo acusados de Deus sabe o quê...

VAN OMMEREN:
Não estamos acusando ninguém de nada / Nós simplesmente queremos descartar... / É claro que você não é de forma alguma suspeita.

IDA:
Claro que você está! Está agindo como se fôssemos suspeitos...

BRATUSEK:
Esta manhã, seu outro filho adotivo passou a ser suspeito de...

IDA:
Como assim, "claro que você não é suspeita"? Porque somos brancos? / Apenas pessoas não brancas podem ser suspeitas? Eu não quero falar sobre Damir. / Eu quero saber onde Ismaël está.

ALEXANDER:
Ida!

BRATUSEK:
Temo informar que nós teremos de falar sobre Damir.

DAMIR:
Mama, a polícia está procurando por Ismaël em todos os lugares.

IDA:
Ele me chama de "Mama", está ouvindo? Mas ele não é meu filho verdadeiro, você consegue ver isso, não é? Você pode perceber isso pela sua cor...

VAN OMMEREN:
Sabemos que ele é filho da...

BRATUSEK:
Da Sra. Traoré.

IDA:
Não, Mariam é sua madrasta. Os meninos são meios-irmãos. Edina Ahmedovic, que morreu em 2001, é a verdadeira mãe de Damir, entendeu? E seu pai, Adem Ahmedovic, não é um trabalhador imigrante qualquer, ele é um ativista que luta pela liberdade da Bósnia. Damir é um jovem excepcionalmente talentoso e altamente educado. Há anos ele tem trabalhado incansavelmente por este bairro. Ele conseguiu

manter no caminho certo meninos que poderiam muito bem vir a ser traficantes ou criminosos. Ele assumiu tarefas que a polícia parecia não se dar ao trabalho de assumir: apagar carros em chamas, ficar de olho nos radicais...

BRATUSEK:
Como os primos dele.

ALEXANDER:
Como os próprios primos, mas ele os ajudou...

IDA:
De dentro da EPV, ele enfrentou aqueles que abraçaram o jihadismo violento. E agora, de repente, ele passou a ser considerado um agitador.

BRATUSEK:
Esta manhã, apareceram testemunhas declarando que a EPV está envolvida na distribuição de um panfleto...

Coloca o panfleto na mesa.

IDA:
Um panfleto político alinhado com campanhas que estão acontecendo nos Estados Unidos. Já ouviu falar de *Black Lives Matter*?

ALEXANDER:
Exagero inocente, hipérbole exaltada...

BRATUSEK:
Essa mesma hipérbole estava na página do Facebook de Damir na semana passada.

DAMIR:
Eu tirei do ar o mais rápido que pude.

BRATUSEK:
Mas quem colocou lá?

DAMIR:
Foi o que eu disse, alguém deve ter hackeado minha conta.

BRATUSEK:
Hackeado? Quem? Os russos?

DAMIR:
Talvez eu tenha esquecido de fazer *logout*. Alguém pode ter mexido no meu telefone, de brincadeira.

IDA:
Por que a suspeita sem fim? Seria melhor se concentrar em seu colega, que toda a vizinhança chama de "Darth" David. Com aquelas tatuagens nos bíceps flácidos. Que vive circulando de moto, três vezes ao dia, pedindo identidade para meninos na rua. Ele gosta de crianças como Ismaël. Você pode ver o ódio nos olhos dele, atrás dos óculos escuros. Wilzen matou meu filho?

ALEXANDER:
Ida!

IDA:
Eu quero saber, Alexander. Wilzen matou meu filho?

VAN OMMEREN:
As perguntas da minha colega são motivadas pelas tensões que se fazem sentir neste bairro já há algum tempo...

BRATUSEK:
Tensões em relação ao bar de vinhos...

ALEXANDER:
Há tensões neste bairro desde sempre. / A Guerra da Árvore de Natal[11] nos anos 80, por exemplo. Trinta e sete milhões de florins em prejuízos, trinta pessoas feridas.

BRATUSEK:
Por iniciativa da Sra...

---

11. Uma tradição nos bairros da classe trabalhadora de Haia era a colheita competitiva de árvores de Natal e sua posterior queima, na véspera de ano-novo. A tradição foi interrompida em meados dos anos 1980, depois que os incêndios saíram de controle, levando a tumultos e prejuízos no valor de milhões de euros na cidade (um florim vale, aproximadamente, € 0,50).

VAN OMMEREN:
Eu poderia, por favor...?

IDA:
Você não precisa me contar sobre o bar de vinhos, porque ele foi ideia minha.

VAN OMMEREN:
Sua ideia! Mas eu pensei que a Sra. Traoré...

IDA:
Amo Mariam como uma filha, ela é muito querida por mim. Na época em que o teatro Spinoza ainda se chamava Vaillant, o diretor-gerente fez uma pesquisa para descobrir se havia demanda por uma espécie de clube onde as mulheres muçulmanas pudessem desfrutar bebidas com baixo teor alcoólico. Nós, como membros do conselho, apoiamos fortemente a ideia, consideramos um passo rumo à emancipação, como considerava o ex-vereador Wolff.

DAMIR:
É *haram*. De acordo com a Sura 5, Versículo 9, a Sura *Al-Ma'ida*, o consumo de álcool é completamente proibido aos muçulmanos.

Silêncio.

IDA:
Bom, essa é uma maneira de ver as coisas.

DAMIR:
Ó vós que credes! Bebidas e jogos de azar, idolatria e belomancia são uma abominação, obra de Satanás. Evitai e prospereis.

BRATUSEK:
E quem bebe merece ser punido. Merece uma pedrada na janela.

DAMIR:
Por exemplo. Mas a penitência está acima de tudo.

Cena 12 // Dia 2, 14h11

Sala de interrogatório.

MARIAM:
Não sei se eu deveria estar fazendo isso.

BRATUSEK:
Ajudaria muito nas buscas / por Ismaël.

VAN OMMEREN:
[*para Bratusek*] Precisamos conversar.

MARIAM:
Sim, Ismaël é o que importa. / Mas é horrível acusarem seu irmão.

VAN OMMEREN:
É claro.

MARIAM:
Eu amo Ida. Eu amo Alexander. Serei grata a eles por toda a minha vida. Eles me deram algo que eu nunca tive antes: um pouco de espaço para respirar. Mas Damir... Ele é muito suscetível. Foi Ida quem o colocou nesse caminho.

VAN OMMEREN:
Ida Aschenbach? Colocou em qual caminho?

MARIAM:
Ida é uma mulher muito especial. *Une artiste.* Tentei falar com Damir, mas ele não me escuta mais.

BRATUSEK:
Parou de escutar a própria mãe.

MARIAM:
Sua madrasta sem valor. Eu sou *haram*, minha vida é pouco digna.

BRATUSEK:
Não acredite nisso.

MARIAM:
Ele me avisou: "Se você se voltar contra a fé, não posso responder por minhas ações."/ Você sabe o que é ter medo do próprio filho?

DAMIR:
Yaa ayyuhal kaafiruun, lakum deenukum wa liya deen.

VAN OMMEREN:
Exatamente quando ele disse isso?

BRATUSEK:
Você pode nos dizer qual mesquita ele frequenta?

MARIAM:
Eles não vão mais à mesquita. Eles têm locais de reunião próprios. Uma adega, a sala de estar de alguém, os fundos de uma livraria...

VAN OMMEREN:
Você já conversou com alguém sobre isso?

MARIAM:
Sim, muitas vezes. "Mas, Mariam, isso nunca aconteceria na casa do Sr. e da Sra. Aschenbach, não é mesmo?", disseram as assistentes sociais. A faculdade também só viu o lado positivo: "Desde que ele foi morar com os pais adotivos, ele ficou muito mais aplicado, suas notas estão melhorando!" O Sr. Van Aartsen[12] até o apontou como modelo a ser seguido. "Não podemos mudar o discurso de uma hora para outra e dizer que demos esse título a um radical."

VAN OMMEREN:
Com todo o respeito, senhora...

MARIAM:
Eu perco meu filho e ninguém levanta um dedo. Um filho odeia a madrasta, faz tudo o que pode para tirar a liberdade dela, fala mal dela em todos os lugares, e todo mundo fica parado, olhando.

---

12. Jozias van Aartsen: prefeito de Haia entre 2008 e 2017.

BRATUSEK:
Sra. Traoré, você pode, é claro,
registrar uma queixa...

VAN OMMEREN:
Ludmilla...

MARIAM:
Queixa por conta de quê? Pelos olhares maldosos que me lançam no mercado? Pelos comentários que fazem pelas minhas costas? Pela gota de cuspe no meu braço? Pelos e-mails de ódio que recebo?

VAN OMMEREN:
Você recebe mensagens de ódio?

MARIAM:
Sim, mas não levo essas coisas a sério. Não é nada. Já mostrei ao seu colega, Youssef, há um tempo.

Mariam mostra as cartas a eles.

VAN OMMEREN:
Ok...

BRATUSEK:
[*lê*] Merda! Olhe isso!

VAN OMMEREN:
O que é?

BRATUSEK:
O mesmo Salmo...

VAN OMMEREN:
Sura.

Cena 13 // Dia 2, 14h23

Escritório do supervisor.

GEIJSSEN:
"Sem depoimentos", disse eu, "corte todos os contatos!". E o que eu vejo no dia seguinte? Você e aquele guerreiro ninja, juntos, conversando com a imprensa. O promotor, o prefeito e o gabinete do comissário querem Damir Ahmedovic fora das ruas, Thomas. Fora das ruas, fora da TV, fora de qualquer reunião que você possa imaginar. AGORA. Eu nunca mais quero ver aquele idiota novamente.

SØRENSEN:
Sem aquele garoto, o bairro vai virar um inferno na Terra.

GEIJSSEN:
Por causa desse garoto, há uma rebelião acontecendo! O que é que deu em você, Thomas? O que está acontecendo com esta delegacia? Eu vou lhe dizer o que se passa: há meses, seu amiguinho Damir está lutando um *jihad* silencioso contra o bar *halal* da madrasta. Mas ele percebeu que o teatro, o governo da cidade e a polícia estão todos unidos, defendendo o bar. Seu grupo de valentões é posto fora de serviço e parece prestes a se tornar irrelevante. Então o *Monsieur* Salafista espalha cartazes por todo o bairro, incitando as pessoas a incendiar todo o distrito e depois incita seu meio-irmão a se voltar contra a própria mãe. Ele o leva a jogar aquela pedra e depois fazer um show completo aqui nesta delegacia. E o que vocês fazem? Enfiam o pescoço de vocês na guilhotina magrebina dele. Damir esconde seu irmão mais novo por alguns dias em algum depósito, em algum lugar, e, num piscar de olhos, a rua aqui está cheia de manifestantes. Depois de uma noite infernal e de um telefonema furioso da senhora prefeita, a EPV tem permissão para se sentar à mesa novamente e exige de você poder de decisão no dossiê do bar de vinhos. *Salaam aleikum*, Sr. Sørensen.

SØRENSEN:
Não há razão alguma para acreditar que Ahmedovic escondeu seu irmão mais novo em algum depósito por aí. A investigação de Van Ommeren mostrou que David Wilzen...

GEIJSSEN:
A investigação contra Wilzen deveria ter acabado há muito tempo.

VAN OMMEREN:
Por que ninguém veio em auxílio de Ismaël? Por que Wilzen conseguiu tirar o resto daquela noite de folga tão facilmente? Por que todos nesta delegacia se fizeram de bobos?

SØRENSEN:
Essas são perguntas relevantes, Bram.

GEIJSSEN:
Uma mulher, Madame Traoré, que luta pela própria liberdade, recebe ameaças de morte! Esse absurdo faz parte dos truques que a EPV esconde na cartola.

SØRENSEN:
Aonde uma disputa de poder como essa vai nos levar, Bram? Estamos com a água até o pescoço com David Wilzen, você sabe disso tão bem quanto eu. Um bairro em que a ameaça de violência não é tão ruim a ponto de causar uma insurreição real, mas ruim o bastante para acabar com o local de dentro para fora. E então vem um menino que está fazendo um trabalho magnífico. O melhor da turma na faculdade. Amado pela mídia. Por fim, um modelo salafista que fala abertamente contra o uso da violência, contra o jihadismo, alguém que os desfavorecidos podem admirar. Não, eu não concordo com o ponto de vista dele. Sim, ele pode ser irritantemente pertinaz. As opiniões dele sobre mulher, moda, Deus, tudo isso me irrita. Mas eu me recuso a dar a ele uma razão para me odiar. Eu não vou dar a ele uma desculpa para virar as costas para nós. Ele é um salafista de merda, ele é. Mas é o *nosso* salafista de merda.

GEIJSSEN:
Reúna toda a tropa. Prenda-os. Começando com Damir.

SØRENSEN:
Bram, o escritório do promotor público vai nos destruir.

GEIJSSEN:
Então vamos levar o caso ao promotor público, se necessário. Vamos mostrar a eles quem é o chefe desta cidade.

Cena 14 // Dia 2, 15h30

Uma equipe da SWAT fortemente armada prende Damir.

Epílogo // Dia 2, 18h00

Vlog.

O URSO:
Ah, Schilderswijk, aguente firme. Eles encontraram um muçulmano para culpar. Hoje à noite tem festa aqui no bar de vinhos, com uma *polonaise harambambam* para celebrar a vitória da velha visão de mundo. Ah, Ismaël! O próprio irmão como suspeito? O garoto-propaganda de Wouter Wolff dando *likes* para ideias medievais em toda a fauna e toda a flora da internet. Que se foda o salafista, fundamentalista ultrarrápido de fibra óptica, tão presunçoso, com seu empreguinho de nobre vigia de bairro, tão cego por sua fantasia-Xaria-fata-morgana blá, blá que não percebeu que seu tiozinho querido estava soltando as cordas da sua rede de segurança. Alguém teve de se sacrificar. Ah, Ismaël, ah, previsibilidade. O que devemos fazer quando não temos outra escolha que não sermos cínicos ou temerosos? Felizmente, sempre há a Disney! Então Ismaël, Mogli, onde quer que você esteja nesta selva, o Urso está procurando por você.

Na tela: "Continua..." Créditos de A nação.

A NAÇÃO

EPISÓDIO 2: A batalha pelos filhos sacrificiais

Prólogo // Dia 4

O público se acomoda. Um estúdio de TV agitado, técnicos trabalhando, conversando. A contagem regressiva de um relógio vai de 5 minutos a zero. O público do estúdio é levado para seus assentos.

DIRETOR DO PROGRAMA:
Boa noite, senhoras e senhores. Bem-vindos ao programa desta noite, bem-vindos ao *Kuypers*. Meu nome é Rutger van den Berg, eu serei seu gerente de estúdio esta noite. Estou vendo alguns rostos conhecidos. Bom vê-los novamente. E gente nova também. De onde vem tanta gente? Ótimo, maravilhoso, maravilhoso.

Os temas que discutiremos na mesa esta noite são sérios. Ainda assim, gostaria de pedir a todos vocês que mantenham as coisas um pouco descontraídas. Vocês têm permissão para rir. Mantenham um clima leve, para obtermos um bom equilíbrio entre drama e entretenimento.

Eu também gostaria de pedir que vocês batessem palmas junto comigo. Haverá alguns momentos em que vou pedir aplausos. Seria bom se vocês batessem palmas com entusiasmo, para dar um pouco mais de força ao show.

Então vamos ensaiar. Esperem, eu disse *com entusiasmo*, pessoal. Tentem de novo. Assim é melhor, ótimo, bom, muito espontâneo. Então batam palmas com entusiasmo, mas apenas quando eu der o sinal.

Desliguem seus celulares ou coloque-os no modo avião. Não no mudo.

A transmissão desta noite é ao vivo, então não temos brecha para erros. E uma última coisa. Como eu disse, esta noite entraremos no ar ao vivo, então, se você estiver sentado ao lado de alguém que o pessoal da sua casa não deveria conhecer, você ainda pode rapidamente trocar de lugar. Desejo a todos um bom programa. Divirtam-se no *Kuypers*!

Os convidados entram: Mariam Traoré e John Landschot, Ida e Alexander Aschenbach. O assistente de estúdio acomoda-os em cadeiras, um em frente ao outro. Lineke Kuypers ensaia sua postura em frente à câmera. Quando o relógio chega a zero...

KUYPERS:
Ao redor da mesa esta noite em *Kuypers* estão a mãe do menino desaparecido, Mariam Traoré, seus pais adotivos, Ida e Alexander Aschenbach, o líder da Nova Frente Holandesa, John Landschot, e o parlamentar Wouter Wolff. Aconchegue-se e aqueça-se, fique bem e fique ligado em *Kuypers*.

Na tela: "A nação — episódio 2 — 'A batalha pelos filhos sacrificiais'."

Cena 1 // Dia 4, 23h00

KUYPERS:
Há quatro dias, Ismaël Ahmedovic desapareceu sem deixar vestígios. Após um apelo emocionante de seus pais adotivos, medidas começaram a ser tomadas em todo o país. Mas esse movimento foi seriamente interrompido pelos tumultos que abalaram Haia nos últimos quatro dias. O que começou como atos de protesto na vizinhança contra a violência policial racista evoluiu para grandes manifestações e graves confrontos entre manifestantes holandeses nativos e pessoas de origem estrangeira. "Eu previ isso, os holandeses estão fartos da islamização do nosso país", disse o líder do maior partido de oposição da Holanda.

Música de abertura do programa Kuypers.

KUYPERS:
Hoje é terça-feira, 15 de maio. Ao vivo do Teatro Nacional de Haia, *Kuypers*!

Aplausos entusiasmados.

KUYPERS:
Entre os convidados desta noite contamos com o membro do Parlamento Wouter Wolff, que acaba de chegar do debate parlamentar sobre a Polícia Nacional. Ele vai nos contar por que o Comitê de Toorenburg está investigando não apenas a Polícia Nacional, como também o prestigiado projeto Cidade Segura. Mas, primeiro, Wouter, gostaria de ouvir o que você — não apenas como deputado, mas também como um conhecido cidadão de Haia e ex-vereador — tem a dizer sobre todo este assunto. Durante a semana passada, o que mais o impressionou na comoção em torno desse desaparecimento?

WOLFF:
Bem, o fato de o oficial David Wilzen / ter imediatamente apresentado sua demissão.

KUYPERS:
Originalmente, o principal suspeito no caso.

KUYPERS:
Você está certo, isso é muito estranho, Wouter.

WOLFF:
Sim, aparentemente este homem se recusou a ficar mais tempo em uma organização que faz a própria equipe de idiota.

KUYPERS:
Uma organização que também está atolada de trabalho em um projeto de construção megalomaníaco aqui em Haia...

WOLFF:
Isso mesmo, o projeto Cidade Segura. A Polícia Nacional e o chamado novo *élan* empresarial. Um consórcio público-privado único, que tem

o objetivo de tornar a cidade segura, mais segura e ainda mais segura: um grande clube privado de gente branca rica e enfadonha.

KUYPERS:
Estamos falando do projeto de alto nível organizado pelo próprio Sjoerd van der Poot, de Haia, um conhecido empresário do ramo imobiliário. Cidade Segura — utopia de segurança visionária ou pesadelo moral?

Um vídeo sobre o projeto Cidade Segura começa. Narração na voz de Sjoerd van der Poot: "Haia/ Uma cidade de 520 mil habitantes/ A cidade de maior densidade demográfica da Holanda/ Crescimento previsto: 67 mil habitantes/ A qualidade de vida está sob ameaça/ Precisamos ser mais inteligentes/ Descobrir novas maneiras de atingir nossos objetivos/ Gerenciar riscos/ Cidade Segura/ Um novo bairro, pronto em 2025/ 4 mil novas unidades residenciais/ 10 mil habitantes/ O bairro mais inteligente da Europa/ O bairro mais holandês do país/ O bairro mais seguro de Haia/ Soluções eficazes de segurança pública/ Tecnologia de rede pioneira/ Cidadania da Nova Holanda/ Inteligente e totalmente conectado por meio de uma rede de sensores e dispositivos de vigilância de ponta/ Seja inteligente/ E ajude a construir a Nova Holanda/ Cidade Segura/ Porque temos apenas uma chance de começar de novo."

KUYPERS:
Wouter, como vereador responsável pelo desenvolvimento urbano, você defendeu esse projeto na Câmara Municipal. Mas agora, como membro do Parlamento, você se tornou seu crítico mais enérgico. Hoje, você garantiu pessoalmente que as tarefas do comitê de investigação da Polícia Nacional fossem expandidas para incluir uma investigação completa do projeto Cidade Segura. O primeiro pilar de fundação para o projeto de construção foi cravado há apenas quatro dias — você sabe como estragar uma festa, não é mesmo?

WOLFF:
Bem, hum, hum, o local estava sendo preparado para a primeira fase de construção...

KUYPERS:
Imagens espetaculares da cerimônia tomaram conta dos noticiários o dia todo...

WOLFF:
Sim, achei aqueles pandas um pouco exagerados.

KUYPERS:
E você assistiu em casa, no sofá.

WOLFF:
Eu não tinha absolutamente nenhuma vontade de estar presente naquele circo.

KUYPERS:
Mas um número impressionante de colegas seus estava lá. Até o primeiro-ministro deu o ar da graça.

WOLFF:
E isso torna esta investigação ainda mais urgente. Estão construindo um bairro urbano que é, na realidade, uma prisão a céu aberto ideal.

KUYPERS:
Um bairro inteligente.

WOLFF:
Sim, é assim que o chamam. Mas ele é acima de tudo um bairro inquiridor, que quer saber tudo sobre seus habitantes: onde você está, o que está fazendo, com quem está fazendo.

KUYPERS:
O Big Brother está observando você.

WOLFF:
O Big Brother era fichinha ao lado da *Safe Sister*, Lineke. Essa vizinhança será um enorme *scanner* 3D. Cada arroto que você der na Cidade Segura será detectado por pelo menos vinte sensores.

KUYPERS:
Mesmo assim, milhares de seus concidadãos vão se mudar para lá, por vontade própria.

WOLFF:
Contanto que eles assinem os termos de uso primeiro, Lineke. E esse é exatamente o problema. Um bairro vai reescrever nossa

Constituição, como se nada fosse. Termos de uso? Isto não é um *website*, é? Já posso dizer aonde isso vai dar: um bairro cheio de descolados mimados, com seus bebês louros e carrinhos de bebê caros, da marca Bugaboo. Todos viciados em café *soya-latte-macchiato*. Essas são as únicas pessoas que estariam dispostas a assinar um contrato como esse.

KUYPERS:
A "Nova Holanda Normal", como Van der Poot chama, em sua mensagem de vídeo.

WOLFF:
Sim, "vamos tornar a Holanda normal novamente"!

KUYPERS:
A rapidez com que esse projeto está tomando forma o fez enviar um alerta aos jornais recentemente. [*mostra um exemplar do AD*][13] Algo está podre na Cidade Segura.

WOLFF:
Já há algum tempo circulam rumores de corrupção. Afinal, é espantoso como esse projeto foi implementado, apesar da resistência de quase todo o aparato político de Haia.

KUYPERS:
Na época, o *Zembla*[14] alegou que as informações secretas necessárias para acertar o comitê já estavam havia muito tempo nas mãos da Cidade Segura Ltda. Foi dito que um de seus funcionários vazou essa informação.

WOLFF:
Nunca foi provado que era alguém da minha equipe. Mas foi isso mesmo, a informação vazou.

KUYPERS:
Você tentou impedir o projeto, pedindo um referendo. / Infelizmente, a esmagadora maioria da população desta cidade votou a favor do projeto.

WOLFF:
O Conselho da Cidade queria que o povo tivesse a chance de opinar.

---

13. AD: *Algemeen Dagblad*, jornal popular holandês.
14. *Zembla*: programa de notícias investigativo da Holanda.

WOLFF:
O que mais poderíamos esperar, com uma campanha como a que os apoiadores da Cidade Segura organizaram?

KUYPERS:
Então o referendo foi injusto, é isso que você está nos dizendo agora?

WOLFF:
Lineke, a maneira como o prefeito e seus vereadores foram difamados pelos pró-Cidade Segura não tinha mais nada a ver com a criação de um bairro residencial. Veja a maneira como Jozias, um administrador ferrenho que tanto fez por esta cidade, foi dispensado; ele passou a ser considerado um "puxa-saco de salafistas"!

KUYPERS:
E aquele slogan de campanha horrível: "Socorro, há um salafista em ANALaartsen!"[15]

WOLFF:
Foi um golpe terrível para o Jozias.

KUYPERS:
Durante o mesmo período, você foi acusado de consumir pornografia / infantil, de visitar festas gay. / Houve até uma investigação policial.

WOLFF:
Fake news!
É sério que nós realmente temos que...?
Que me inocentou completamente. E eu gostaria de encerrar este assunto.

KUYPERS:
Obviamente, esse ainda é um assunto sensível para você.

WOLFF:
...

---

15. Aartsen: em holandês, *Aarts* soa como *aars* ['bunda', 'ânus'].

KUYPERS:
Hoje, no Parlamento, você disse que achava muito importante que a investigação do Comitê de Toorenburg fosse estendida para incluir o projeto da Cidade Segura. Ao mesmo tempo, você foi muito misterioso sobre o motivo exato disso.

WOLFF:
E, infelizmente, devo manter sigilo agora. / Uma nova fonte de informação apareceu, alguém que pode nos fornecer evidências irrefutáveis de práticas fraudulentas.

KUYPERS:
Que tipo de fofoca de bastidores é essa...?

KUYPERS:
Ah, vá, nos conte alguma coisa...

WOLFF:
Hahaha... Ouça, é claro que são... [*em uma tela, ele vê Van der Poot se aproximando, vindo de um estúdio vizinho*] Relatos de anônimos que podem ter visto... Leram... Ou talvez... Estiveram presentes... Eu realmente tenho de manter a discrição... Eu, uh... Desculpe... Receio que seja tudo que posso dizer no momento.

KUYPERS:
Alguém que não quer deixar as coisas assim é Sjoerd van der Poot. Como proprietário da Cidade Segura Ltda., ele é a alma por trás do bairro residencial pioneiro. Antes do referendo, ele teve um papel de destaque na campanha a favor do projeto. Portanto, muitas pessoas em Haia imploraram que ele também entrasse na política — uma ideia que ele educadamente rejeitou até agora. Boa noite, Sr. Van der Poot.

VAN DER POOT:
Sra. Kuypers, Sr. Wolff.

KUYPERS:
Aqui a meu lado está um político de esquerda que gostaria de ver o seu sonho destruído e queimado.

VAN DER POOT:
Srta. Kuypers, eu não desisto de meus sonhos tão facilmente. Não se trata de um delírio, é um plano para uma nova Holanda, um plano mestre para Haia!

KUYPERS:
Um enclave de segurança branco e hipertecnológico, de acordo com o Sr. Wolff aqui.

VAN DER POOT:
Um bairro em que a segurança do maravilhoso povo desta cidade não está mais nas mãos do Palhaço de Farda, mas de um sistema de segurança de última geração, que deixará o povo de Singapura louco de inveja. Um bairro onde tudo e todos estão conectados pela *Internet de Tudo*. O primeiro bairro totalmente inclusivo da Holanda.

KUYPERS:
Essa última afirmação em particular gerou muitas críticas a você.

VAN DER POOT:
É verdade que não haverá escolas para negros na Cidade Segura. E você sabe por quê? Porque Sharon e Aziza finalmente irão juntas para a mesma Escola Inteligente. Não haverá açougueiro *halal* ou padaria de Marraquexe. Por quê? Porque o açougueiro ecologicamente certificado será bom o bastante para Ali, e Ahmed, conectado à internet, assará o próprio pão branco.

KUYPERS:
Parece a receita perfeita para a exclusão, a segregação...

VAN DER POOT:
Errado, Sra. Kuypers, errado! A Cidade Segura é, de fato, nossa chance de começar do zero. Você pode ter certeza de que Ahmed e Aziza estarão esperando na fila para adentrar os portões da minha Cidade. Porque eles também preferem morar no melhor bairro do país, onde se sentirão 100% pertencentes.

KUYPERS:
E você, é claro, dirá que são falsas as acusações de corrupção relativas ao desenvolvimento da Cidade Segura.

VAN DER POOT:
Desculpe-me por bocejar. Não, só estou brincando. Aguardo as conclusões do Comitê de Toorenburg com total confiança. Sr. Wolff: você. Perdeu. O. Referendo. A campanha de fomento ao medo da turma do contra, dos puristas, foi um grande fiasco. As rosas vermelhas que você distribuiu nas feiras de Haia foram vendidas assim que você virou as costas. E aí vocês coçam a cabeça e se perguntam por que todo o distrito está pegando fogo.

KUYPERS:
Sim, qual é a sua opinião sobre os tumultos desta semana?

VAN DER POOT:
O motivo, claro, é uma tragédia... Minhas condolências, Sra. Traoré...

MARIAM:
Obrigada, Sr. Van der Poot.

VAN DER POOT:
Mas a questão é: como pode tal tragédia pessoal ser usada de forma tão hedionda por algumas pessoas que querem impor a própria agenda perversa?
/ Você mencionou o nome dele, que por acaso também foi seu convidado neste programa várias vezes. / A mídia deu a esse monstro radical todo o tempo de exposição de que ele precisava; / muito assustador de fato. Então, chegou realmente a hora de um pouco de autocrítica. E por mais que eu gostaria de fazer isso em seu nome, é algo que cada um de nós deve fazer por si mesmo. O que está acontecendo? Como deixamos nossa sociedade se afastar de nós assim?

KUYPERS:
Damir Ahmedovic.
KUYPERS:
Eu estou ciente disso.

KUYPERS:
Estou ciente. E para mim também é difícil aceitar isso.

KUYPERS:
Ele está fazendo uma acusação clara contra nossos políticos, Wouter. É hora de um exame de consciência.

VAN DER POOT:
O Sr. Wolff prefere examinar outra coisa de perto, se é que se pode acreditar no *Dagelijkse Standaard*.[16]

KUYPERS:
Do que está falando, Sr. Van der Poot? Sobre o suposto relacionamento com jovens prostitutos do qual o Sr...?

VAN DER POOT:
Não coloque palavras na minha boca! Isso é muito injusto. Mas você tem de admitir: é muito humilhante as coisas que a imprensa marrom da internet escreve sobre Wolff. Às quais, aliás, não atribuo absolutamente nenhum crédito.

KUYPERS:
Wouter, você está tão quieto...

WOLFF:
O que devo dizer?

KUYPERS:
Bem, estão falando sobre você. Coisas que o afetam diretamente.

WOLFF:
Minha nossa, o que estamos fazendo...? / Sim, no que nos tornamos. Ouça, desculpe, mas eu acho tudo isso muito... / Qual é o objetivo disso? / Aumentar a audiência?

KUYPERS:
O que estamos fazendo? Como assim?
Tudo muito o quê? Diga.
Van de Poot está apontando uma série de versões dos fatos.

---

16. *De Dagelijkse Standaard*: blog holandês de direita, muitas vezes acusado de publicar *fake news*.

Versões dos fatos? Ora, pelo amor de Deus! Eu não vou participar disso. Podemos parar agora? / [*dirigindo-se a alguém que está fora do palco*] Stijn, o que vamos fazer? Stijn, onde você está? Você sabia disto? /
Se não sabia, deveria saber. Ok...

KUYPERS:
Não, não, não, Wouter...

STIJN:
[*fora da tela*] Eu não sabia sobre o Sjoerd.

Wollf se levanta, sai da mesa e encerra sua participação no programa, enquanto discute calorosamente com os gerentes de produção e Stijn.

KUYPERS:
Sr. Wolff, permaneça sentado!

KUYPERS:
Senhoras e senhores, isso é um pouco inusitado... Só quero ouvir o que os produtores...

LANDSCHOT:
A gente pode continuar, não pode? Quero dizer, na função de secretário municipal, o Sr. Aschenbach foi o braço direito e o esquerdo de Wolff por anos...

KUYPERS:
Desculpe, eu preciso interrompê-lo...

VAN DER POOT:
Lineke, permita-me salvar seu programa. Se estivermos de acordo com o meu retorno... Claro, contando com um parecer positivo da polícia... Eu preciso voltar ao trabalho agora, mas, em breve, estarei no seu programa novamente, ao vivo. / Deus sabe que há muito trabalho a ser feito na Nova Holanda. Boa noite...

KUYPERS:
Só mais uma pergunta, no entanto...

Ele sai.

LANDSCHOT:
Eles são os responsáveis pelas políticas desastrosas no bairro. E agora os dois são convidados para o seu programa... / Essas pessoas se conhecem há 20 anos. Visitam um ao outro para tomar café, talvez até mesmo viajem de férias juntos... / Nesta cidade, os funcionários e os políticos eleitos estão enredados incestuosamente... /

LANDSCHOT:
A Nova Frente Holandesa não vai descansar até que esta camarilha assustadora de elitistas se exploda.

KUYPERS:
Sr. Van der P... Ó. [*no fone de ouvido*] Continuo ouvindo em alto e bom som, pessoal.

KUYPERS:
Bem, não mais.

KUYPERS:
John...

ALEXANDER:
Posso assegurar que...

Música. Aplausos entusiasmados. O talk show *está de volta.*

KUYPERS:
Wouter Wolff, antes do intervalo comercial você se levantou e saiu desta mesa bufando. Mas você decidiu voltar...

WOLFF:
Eu gostaria de dizer algo a respeito disso. Nós tínhamos um acordo claro de que eu viria aqui falar com você sobre o Comitê de Toorenburg... / No *briefing*, não havia menção a Van der Poot vindo de outro estúdio / e ganhando tempo de tela com suas promessas vazias e suas mentiras.

KUYPERS:
Mas isto é televisão, Wouter.

LANDSCHOT:
Isto não é uma empresa governamental ou algo do tipo. Além disso, quem está mentindo?

KUYPERS:
Desculpe, não vamos repetir toda essa discussão. Espero, sinceramente, que você fique conosco para falar sobre o problema principal desta noite: / o desaparecimento de Ismaël Ahmedovic... Também tendo em vista seus laços pessoais com o menino.

WOLFF:
Claro, vou falar.

WOLFF:
Bem, mais especificamente com os pais adotivos, Alexander e eu... Não há razão para fingir o contrário... Nós nos conhecemos há anos...

ALEXANDER:
E Sjoerd van der Poot também, aliás.

WOLFF:
Isso mesmo, estudamos todos juntos. Eu estou muito triste com o que essas duas pessoas fantásticas estão tendo que passar neste momento.

KUYPERS:
Sim, porque... Ida, como vocês estão enfrentando tudo isso?

LANDSCHOT:
Você não deveria perguntar primeiro à mãe do menino?

KUYPERS:
Eu gostaria de ouvir os pais adotivos primeiro. Isto é, se você não se importar...

IDA:
É muito, muito difícil, vocês podem imaginar.

KUYPERS:
Vamos voltar por um momento àquela noite, a noite em que Ismaël não voltou para casa. Quando vocês dois pensaram: "Onde está o nosso garoto?"

IDA:
Bem, não o estávamos esperando naquela noite. Nos últimos seis meses, ele tem passado fins de semana alternados com a mãe biológica...

Com Mariam. Nós o deixamos lá na sexta-feira, no fim da tarde, e íamos buscá-lo novamente no domingo.

KUYPERS:
Mas em determinado momento vocês dois receberam... Uma ligação?

IDA:
Em torno de... Dez, talvez?

KUYPERS:
Dez horas da noite de sexta-feira. O telefone tocou.

IDA:
Era Mariam. Na verdade, foi ela quem nos contou toda a história.

KUYPERS:
Você pode descrever exatamente como se sentiu naquele momento?

IDA:
Você para de respirar, se vê parado com o telefone na mão e sabe na hora que tem algo errado. Tínhamos bebido uma garrafa de vinho no jantar, estávamos prestes a ir para a cama e assistir a um filme — essas coisas que as pessoas fazem em uma noite de sexta-feira...

KUYPERS:
E então um filme de terror particular chega ao seu quarto.

IDA:
E você é o personagem principal. "Esta não é a minha vida..."

KUYPERS:
E o que você fez então? Alexander...?

ALEXANDER:
Eu pus a roupa, procurei as pilhas da lanterna, tirei a bicicleta do galpão e saí pedalando pela rua como um louco. Ela chamou a polícia...

IDA:
Chamei a polícia, claro.

ALEXANDER:
Ela estava tremendo da cabeça aos pés.

IDA:
Na hora, você não sabe o que fazer. Quero dizer...

ALEXANDER:
Eles pegam seu filho na rua e nem mesmo...

IDA:
E não dizem nada a você!

ALEXANDER:
E então eles o jogam na rua de novo, de qualquer jeito!

IDA:
Como um saco de areia para gatos.

ALEXANDER:
E eles informaram alguém?

IDA:
Você pode imaginar! Que tipo de tática estilo Trump é essa?

ALEXANDER:
Isso não é nada holandês, na nossa opinião.

WOLFF:
Claro que isso é um erro inadmissível, não vai restar pedra sobre pedra. Nos próximos meses, algumas cabeças vão rolar. /

LANDSCHOT:
Incluindo a sua, talvez.

KUYPERS:
Alexander, eram 11 horas, meia-noite, meia-noite e meia... /

WOLFF:
Vá sonhando, John.

ALEXANDER:
E andei de bicicleta para cima e para baixo, descendo, como um louco, todas as ruazinhas, lugares aonde normalmente não vou. Cada vez que via uma criança a distância, pensava: "Lá está ele, é ele! Ei!" E era outra pessoa. Eu ficava muito constrangido.

IDA:
E fizemos cartazes...

ALEXANDER:
Fiz pequenos cartazes no computador. E às três da manhã eu saí por aí colando-os em postes e outros lugares. E a mesma sensação o tempo todo: "Ele simplesmente desapareceu. Uma parte essencial de mim se foi. Um sorriso. Uma presença. Suas botas estão no corredor, largadas ali."

IDA:
E é por isso que estamos aqui esta noite, para fazer um apelo, se alguém souber de algo, se tiver visto ou ouvido alguma coisa. Se você sabe o que aconteceu com Ismaël, por favor, por favor, nos avise. Por favor. Você pode fazer isso anonimamente, na polícia ou no site especial.

ALEXANDER:
Mesmo que Ismaël...

IDA:
Não, não vamos falar isso.

ALEXANDER:
Ismaël, se você está assistindo... Se você está nos vendo agora... Saiba que você sempre pode voltar, que não estamos com raiva, que se fizemos algo de errado... Se você está bravo, ou triste, bravo com Papa Alex, ou Mama Ida, ou Mama Mariam, tudo bem. Você tem o direito de se sentir assim. Você pode ficar triste, você pode até estar com muita raiva de nós. E você também pode errar. Apenas saiba que estamos sempre aqui para você. Para abraçar você bem forte. Mesmo quando tudo está muito confuso. Que amamos muito você. Muito, muito. E Mama Mariam também...

KUYPERS:
Mama Mariam, provavelmente você também quer dizer algo.

MARIAM:
Não, na verdade, não. Será que eu poderia...? Será que a câmera...? Não, eu... Não. Realmente, não. Eu não sei o que dizer agora. Eu sinto muito. É tudo tão horrível...

KUYPERS:
Claro, a senhora não precisa...

IDA:
Está tudo bem...

MARIAM:
Foi por causa das botas. / Eu de repente me lembrei que...

IDA:
Sim, as botas, terrível...

MARIAM:
Eu contava sempre uma história para ele...

KUYPERS:
Você contava uma história para ele...

MARIAM:
La chenille qui fait des trous. Ele gostava muito dessa história.

IDA:
A lagarta comilona, adorável.

MARIAM:
Posso?

KUYPERS:
Por favor, vá em frente.

MARIAM:
Caso ele consiga me ouvir...

IDA:
Para que ele saiba que Mama Mariam está pensando nele.

MARIAM:
Um pequeno ovo estava sobre uma folha sob a luz da lua.
Num domingo de manhã, o sol quente nasceu e... Pop! Do ovo, saiu uma minúscula lagarta faminta.

Na segunda-feira, Mama Mariam deu-lhe uma maçã,
que ela comeu inteirinha.
Mais il a encore faim.

Na terça-feira, Mama Ida deu-lhe duas peras,
que ela comeu inteirinhas.
Mais il a encore faim.

Na quarta-feira, Papa Alex deu-lhe três ameixas,
que ela comeu inteirinhas.
Mais il a encore faim.

Na quinta-feira, Damir deu a ela quatro morangos,
que ela comeu inteirinhos.
Mais il a encore faim.

Na sexta-feira, o tio Wouter deu-lhe cinco laranjas,
que ela comeu inteirinhas.
Mais il a encore faim.

No sábado, Papa Adem deu a ela um pedaço de bolo de chocolate,
que ela comeu inteirinho.

Então ela se sentiu muito melhor, não estava mais com fome.
E ela não era mais uma pequena lagarta.
Ela era uma lagarta grande e gorda.

E aquela grande lagarta, Ismaël,
construiu uma pequena casa, chamada de casulo, em torno de si.
Ela ficou dentro da casa por mais de duas semanas,
então ela mordiscou um buraco no casulo e
abriu um caminho para fora. Ela havia se transformado em uma linda borboleta.

KUYPERS:
E alguns dias após o desaparecimento de Ismaël, seu irmão, que por sua vez é seu enteado e é também o outro filho adotivo de Ida, foi preso e acusado de ter desempenhado um papel importante nos tumultos das últimas noites. Foi divulgado que ele sabia mais sobre o desaparecimento do meio-irmão, e isso não é nenhuma surpresa para John Landschot.

LANDSCHOT:
Lineke, antes de começar, gostaria de agradecer profundamente / pelo convite para participar aqui do programa desta noite. / As emissoras públicas definiti-

KUYPERS:
Como?
KUYPERS:
Ah, não há razão para me agradecer, John.

vamente não têm o hábito de ceder espaço para um movimento popular que, até agora, foi ignorado pela mídia tradicional...

KUYPERS:
Bem, eu não diria ignorado. Há pouco tempo, o movimento do qual você faz parte estava na primeira página de todos os jornais, quando sua milícia cercou três senhoras de *burkini* em Zuiderstrand,[17] perto de Duindorp.

LANDSCHOT:
E nosso Disque-Denúncia contra Mutilação Genital Feminina também teve uma boa resposta do público. Ainda assim, quando você vê...

KUYPERS:
John Landschot, você liderou a campanha no Twitter contra Damir Ahmedovic...

LANDSCHOT:
Bem, não eu pessoalmente... Nosso movimento.

KUYPERS:
Você não escreve os tuítes sozinho? Muita gente ficou surpresa ao saber que Mariam aderiu ao seu movimento. E Mariam, foi você quem perguntou se John Landschot poderia estar presente no programa desta noite. Você poderia explicar para o público por quê?

LANDSCHOT:
Talvez seja melhor eu responder...

KUYPERS:
Não, eu realmente gostaria que Mariam dissesse algo sobre isso.

IDA:
Eu também.

KUYPERS:
Porque também é uma surpresa para você, é claro.

---

17. Zuiderstrand: famosa praia de Haia.

IDA:
De uma forma que nem consigo descrever.

MARIAM:
Lineke, certamente posso responder. Eu sei que parece terrível dizer isso, mas quando anteontem a polícia pegou meu filho, eu senti uma onda de alívio...

KUYPERS:
Uau, espere. Damir foi preso e...

MARIAM:
Eu pude respirar novamente. Finalmente me atrevi a sair... Não, eu percebi que durante todo esse tempo tive medo de sair para a rua. Agora, eu poderia voltar a me sentar em um café, a uma mesa da calçada; poderia voltar a pedir uma taça de *rosé*. Ninguém pode me impedir de fazer tudo isso. De qualquer forma, ele não poderia mais aparecer de repente, parar do lado da minha mesa e sussurrar: "Larga esse copo, Mama. Proíbo você de beber. Levante-se e vá para casa. Você não consegue ver que está me humilhando na frente de toda a vizinhança? LARGUE ISSO, *A'ABIDA*!"

LANDSCHOT:
Escrava.

MARIAM:
Você não é nada para mim, *qahba*!

LANDSCHOT:
Prostituta.

KUYPERS:
Seu próprio filho chamou você disso?

MARIAM:
Ele poderia ter me chamado disso.

IDA:
Ele poderia...

LANDSCHOT:
Obviamente, ontem houve uma boa razão para a polícia decidir investigar as idas e vindas de Damir...

ALEXANDER:
Mas hoje o promotor público disse à polícia para recuar.

LANDSCHOT:
E assim o califa de Hoefkade[18] estará nas ruas novamente. Obrigado aos amigos do Sr. Aschenbach do D66[19] do Departamento de Justiça. Um radical perigoso que, com o apoio da Câmara Municipal, transformou a Equipe de Prevenção da Vizinhança em sua gangue jihadista de criminosos. E o bar de vinhos de Mariam foi possivelmente o maior insulto para aqueles islâmicos.

MARIAM:
Takfir wal-Hijra.

LANDSCHOT:
"É preciso enfrentar os infiéis." Aquela pedra, aquela que o irmão mais velho de Ismaël o convenceu a jogar pela janela, não foi uma travessura de criança, pessoal. Foi um apedrejamento. Da própria mãe.

WOLFF:
Eu preciso fazer um pequeno comentário.

KUYPERS:
Vá em frente.

LANDSCHOT:
Não há nada que um cidadão de bem ame mais, parar o mundo com seus pequenos comentários.

WOLFF:
Porque as coisas nem sempre são preto no branco.

LANDSCHOT:
Ah, que estúpido da minha parte. Claro, Damir é um menino maravilhoso.

---

18. Hoefkade: rua do bairro multicultural Schilderswijk, em Haia.
19. D66: partido político parlamentar holandês liberal de centro-esquerda, de médio porte, mas com representação em vários ministérios e departamentos do governo.

KUYPERS:
Wouter, você conheceu Damir e Ismaël bem de perto...

WOLFF:
E Damir é, de fato, um bom menino.

LANDSCHOT:
Sr. Wolff, Damir é um jovem que odeia nossa sociedade. Que odeia nossa preciosa democracia, que odeia profundamente Wilders, Bosma,[20] Bachmann,[21] Baudet,[22] Le Pen, Dewinter,[23] Donald Trump e a mim. Que despreza a mais bela música. Música, você pode imaginar? Música, cigarro, bebida, cachorro-quente, mulheres seminuas, cabeças loiras descobertas. Proibido, tudo proibido. Gays e lésbicas caminhando de mãos dadas? Atire-os do arranha-céu mais alto!

IDA:
Estamos falando aqui de um adolescente de 17 anos...

LANDSCHOT:
Toda piadinha tola sobre Maomé deve ser vingada sem piedade!

ALEXANDER:
Estamos falando de um menino em busca da própria identidade...

LANDSCHOT:
Damir não é um adolescente holandês que está um pouco perdido. Ele é o portador de um vírus altamente perigoso...

IDA:
Espere um minuto!

---

20. Martin Bosma: parlamentar e ideólogo do PVV (Partido pela Liberdade).
21. Lutz Bachmann: fundador do Movimento Pegida (Europeus Patriotas contra a Islamização do Ocidente), da Alemanha.
22. Thierry Baudet: parlamentar e líder do partido conservador Forum voor Democratie (Fórum pela Democracia).
23. Philip Dewinter: parlamentar e líder do partido de extrema direita Vlaams Belang (Interesse Flamengo).

LANDSCHOT:
Esperar pelo quê? Por outros pequenos comentários seus? A estrada para o inferno é pavimentada com lixo da esquerda... / E foi você que o colocou neste caminho errado, mais do que todos os outros.

IDA:
Ora, faça-me o favor!

IDA:
Eu não posso acreditar no que estou ouvindo.

MARIAM:
John!

LANDSCHOT:
Então negue, faça como quiser. Que descaramento!

IDA:
[*para Mariam*] Eu realmente não entendo por que você se aproxima de pessoas assim.

LANDSCHOT:
Pessoas assim? Sou um tipo diferente de pessoa?

IDA:
Sim, você é um tipo inferior de pessoa, Sr. Landschot.

LANDSCHOT:
Lineke, espero que possamos mostrar essa parte da transmissão mais tarde, quando eles me encontrarem com uma machadinha no crânio. Você está brincando com fogo, senhora, e nem percebe. Temos aqui uma mãe que foi totalmente ignorada por toda uma rede de agências oficiais, que foi rejeitada pelo Conselho Tutelar quando falou que a barba do filho estava ficando cada vez mais longa, que foi ridicularizada pela Faculdade de Haia quando expressou sua preocupação com desenhos pornográficos com imagens salafistas que havia encontrado no armário dele. Mãe essa cujo marido quase a esbofeteou com um mandado de segurança, quando ela tentou expressar seu ponto de vista em público...

ALEXANDER:
Era exatamente isso que eu estava tentando dizer...

LANDSCHOT:
Ela foi levada a crer que seria melhor para seus filhos se eles não crescessem na casa dela, mas com pessoas cultas em sua bela residência em Alexine Tinnepad.[24] Pensou que este casal seria mais capaz de promover o desenvolvimento intelectual dos seus filhos; que, tendo em vista sua bagagem cultural, seria importante que as crianças lessem o Corão — um livro que ficava na última gaveta da casa dela, mas que de repente, um dia, após o jantar, pousou sobre a mesa de jantar deste casal. As crianças são arrastadas noite após noite para a mesquita. "Vá apertar a mão daquele amável imã, sim? Ele não tem permissão para apertar a mão da Mama Ida." Servem a eles baclava de sobremesa, mas é do *stroopwafel* holandês que eles realmente gostam. Foram convidados a montar um álbum com o tema "minha relação pessoal com o Islã"...

IDA:
Claro que não foi assim que aconteceu. Mariam, por favor, fale para este homem parar!

KUYPERS:
Em 2014, a pedido seu e com o consentimento do Departamento de Proteção de Menores, Damir e Ismaël foram enviados voluntariamente para a casa de pais adotivos. / Ida e Alexander, essas duas crianças se mudaram para a casa de vocês. Conte para nós, como vocês lidaram com isso?

LANDSCHOT:
Isso é um debate ou uma farsa?

IDA:
Olha, há duas coisas que você faz como pai adotivo: você abre o coração e se coloca em segundo lugar, pelo bem dos seus filhos. Oferecemos a eles segurança, estabilidade, uma rotina, um espaço onde pudessem se desenvolver. Pudemos dar a cada um deles um quarto próprio. [*dirigindo-se a Mariam*] Em sua casa, os meninos dormiam

---

24. Alexine Tinnepad: rua de Ockenburgh, distrito de classe alta de Haia.

juntos em um quartinho, onde seus primos dormiam também com frequência, quando estavam de visita. Queríamos dar a esses meninos algo que pertence à cultura de onde eles vêm. Você não tem o direito de negar a uma criança contato com suas raízes.

MARIAM:
Mas você sabe também por que eu queria me distanciar cada vez mais dessas raízes?

IDA:
Mas Damir queria muito se aproximar dessas raízes. / E o pai dele. / Ele gostaria disso também.

MARIAM:
Damir é um adolescente. Adem? Ele é um bêbado!

MARIAM:
Como você sabe disso, Ida? Alexander? Espere, você já entrou em contato com ele? Ida, você está em contato com ele?

IDA:
O pai deles é um muçulmano praticante. Achamos que não cabia a nós ignorar esse fato. Essas crianças têm o direito fundamental de tomar suas próprias decisões com relação a isso. Nós os preparamos para a vida, não para passar no exame de proficiência em língua holandesa. Respeitamos suas decisões, mesmo quando essas decisões são difíceis de tomar. Mesmo quando não entendemos o porquê.

LANDSCHOT:
Senhoras e senhores, temos aqui duas pessoas muito ingênuas.

WOLFF:
São duas pessoas fantásticas, que estavam ali quando a sociedade precisou delas.

LANDSCHOT:
Teria sido melhor se eles mandassem os próprios filhos — se tivessem tido filhos — para a selva, desprotegidos.

WOLFF:
Você nunca teve alguém que o apoiasse assim, John? Uma mãe que tenha dito: "Vá em frente, experimente." Uma professora que tenha dito: "Você

pode ir para o cursinho, contanto que se esforce ao máximo." Todos nós precisamos de pessoas assim na vida, John. Ninguém aqui esta noite teria feito nada neste mundo sem pessoas assim.

KUYPERS:
John, você finalmente ficou em silêncio.

LANDSCHOT:
Fiquei mudo de espanto. Não estamos falando de ajuda com o dever de casa, Sr. Wolff — que, a propósito, foi cortado do currículo escolar desta cidade durante seu mandato no conselho —, estamos falando de loucura sectária.

KUYPERS:
O que nos leva ao cerne de toda essa questão: Damir Ahmedovic está por trás do desaparecimento do próprio irmão?

ALEXANDER:
E você ainda se atreve a fazer essa pergunta.

LANDSCHOT:
Não estou nem um pouco surpreso com a pergunta.

IDA:
Não, claro que você não está surpreso.

MARIAM:
Vocês sabem o que o nome Ismaël significa, não sabem? Ismaël era o filho primogênito de Ibrahim — o homem que vocês conhecem como Abraão, na Bíblia. No Corão está escrito que Alá ordenou que Ibrahim sacrificasse seu filho Ismaël. Mas no último momento, o menino foi salvo. No Hádice, Maomé chama Ismaël de "*Zebihatullah*", "o filho sacrificial".

KUYPERS:
E daí?

MARIAM:
Eu gostaria de ler algo para você. [*tira um envelope pardo da bolsa e lê em voz alta*] "Em nome de Alá, o Caridoso, o Misericordioso. Esta é uma

carta à infiel fundamentalista Mariam Boubacar Traoré Ahmedovic. Com suas atividades, seu bar *haram* e suas declarações públicas, você está constantemente trabalhando para aterrorizar os muçulmanos e o Islã. Esta carta irá, *inshallah*, acabar de uma vez por todas com o mal que você tem praticado. Há uma única certeza em toda a história da Criação: tudo chega ao fim. O Dia do Julgamento chegará, acompanhado de terríveis tormentos e agonias. Será um dia em que os injustos darão gritos horríveis. Choro, Sra. Traoré, que vai causar arrepios na espinha, que deixará seus cabelos em pé. Também seu filho sacrificial, que uma vez entrou neste mundo com gritos de vida para mostrar sua presença neste universo, finalmente deixará este mundo com gritos de morte. O Islã será vitorioso, graças ao sangue dos mártires."

LANDSCHOT:
Em seu esforço para estabelecer uma forma pura de Islã, o que os salafistas desejam acima de tudo é imitar ao máximo as três primeiras gerações de muçulmanos. O que os muçulmanos celebram todo ano com seu festival do sacrifício? A disposição de Ibrahim de sacrificar seu filho sob as ordens de Deus. Lineke, posso mostrar o manifesto que trouxe comigo? [*o manifesto aparece na tela*] No fim de 2017, o holandês Jihadi Sifin Min Zawaytirmir postou na internet um manifesto do Iêmen que recebeu grande atenção nos círculos salafistas. Nele, ele convoca os muçulmanos a...

MARIAM:
Haqiqi ta'ahhaba Eard Mithla Ibrahim.

LANDSCHOT:
Demonstrar uma disposição tão verdadeira como a demonstrada por Ibrahim. E...

MARIAM:
Ustubdilla algarufu min ibni thatia kay yekuna imanuna naqiej.

LANDSCHOT:
Substitua o cordeiro pelo filho sacrificial, para que nossa fé seja novamente purificada. Portanto, não podemos descartar a possibilidade de o filho de Mariam, Ismaël, ter sido sacrificado por fanáticos salafistas.

ALEXANDER:
Isso é um absurdo!

KUYPERS:
Jesus Cristo!

LANDSCHOT:
Quem sofre uma lavagem cerebral como Damir é capaz de muita coisa. Em seu quarto, sem o conhecimento de seus pais adotivos, que estavam sentados em frente à lareira, lendo o guia de TV da rede VPRO,[25] ele se tornou um completo fanático. Damir Ahmedovic é um assíduo frequentador dos *chatboxes*, nos quais conversava com radicais. Sua página do Facebook é repleta de sermões salafistas...

IDA:
A conta dele foi hackeada. / Ele mesmo disse isso.

KUYPERS:
Infelizmente, nosso tempo está se esgotando...

LANDSCHOT:
O próprio Damir foi quem se hackeou, senhora. Esse menino é uma bomba-relógio ambulante.

IDA:
É assim que você vê todos os muçulmanos: como bombas-relógio. Um exército sorridente de agentes secretos esperando o melhor momento para explodir.

Faz um movimento brusco em direção à própria bolsa, que está no chão. Os outros se assustam além da conta.

ALEXANDER:
O que você está fazendo? O que você está fazendo?

LANDSCHOT:
O que é isso?

ALEXANDER:
Ela só quer nos mostrar algo, calma!

---

25. VPRO: emissora de televisão holandesa considerada de esquerda por muitos e conhecida pela programação que valoriza o pensamento livre.

LANDSCHOT:
Que merda, que merda, ela quase me matou de susto. O que está acontecendo, pelo amor de Deus?

IDA:
[*cobre a cabeça com um pano*] *Ash hadu alla ilaha illa Allah, wa ash hadu anna Mohammadan abduhu wa rasuluhu Allah.*

LANDSCHOT:
Que porra é essa?

MARIAM:
[*traduzindo*] Testifico que não há outro deus além de Alá, e que Maomé é Seu Mensageiro.

KUYPERS:
Só para deixar bem claro: isso foi um...?

IDA:
Eu me tornei muçulmana.

LANDSCHOT:
Você não está falando sério.

ALEXANDER:
Tenho de admitir que também estou surpreso.

LANDSCHOT:
O senhor entendeu que sua esposa acabou de se converter ao Islã?

ALEXANDER:
Bem, afinal de contas, ela *é* uma artista...

KUYPERS:
Isso é arte, Ida? Uma performance?

LANDSCHOT:
Uma performance religiosa! É um grande show. Um grande circo islâmico. Ah, isso é brilhante. Dê-me um desses panos de cozinha também. *Ash hadu alla ilaha illa Allah...*

IDA:
Por que isso o incomoda tanto? Eu nem estava usando esse lenço na cabeça quando você começou a me desqualificar, do jeito que você

sempre faz. Tudo o que não se encaixa na sua visão de mundo tem de ser eliminado. Mas saiba que eu não acredito em você. Você já está sob a influência do Islã há muito tempo. Você adoraria dar uma olhada por trás dos véus dessas lindas senhoras marroquinas. Você adoraria experimentar a mesma paixão machista que os homens muçulmanos experimentam. Mas você não tem um livro sagrado, então todos os livros sagrados devem ser eliminados. Você não reconhece tabus, então também não temos permissão para nos importarmos com o que quer que seja. E, assim, todo pensamento maior deve ser reduzido ao seu tamanho. Toda crença deve ser ridicularizada.

KUYPERS:
Olhando por esse lado, o Islã é muito rico. Este foi o programa *Kuypers*. Amanhã à noite...

MARIAM:
Mas tenho um anúncio a fazer...

KUYPERS:
Nosso programa está acabando, mas tudo bem, desde que seja rápido.

MARIAM:
Meu bar de vinhos abre amanhã.

KUYPERS:
Bem, isso *é* uma novidade. O bar de vinhos abre amanhã.

IDA:
Mas amanhã é o primeiro dia do Ramadã.

MARIAM:
Exatamente.

KUYPERS:
Portanto, o programa realmente termina com notícias quentes. Este foi o *Kuypers*. Amanhã à noite estarei de volta!

Damir entra furioso no estúdio, carregando uma grande bolsa de lona. Ele começa a fazer um discurso violento contra todos os convidados e o público do estúdio.

DAMIR:

Sentem-se, todos vocês. Sentem-se e fiquem onde estão, eu disse. Sentem-se e calem a boca!

Não tenho nada comigo... Não estou armado. Não tenho nada comigo... Por favor, sentem-se. Eu só quero perguntar a vocês uma coisa. Parem de falar. Por que todo mundo fica falando o tempo todo? Por que vocês não param de falar de mim? Por que vocês não falam comigo? Vocês têm medo que eu diga algo em resposta? [*todo o equipamento do estúdio é desligado*] Ah, ótimo. Maravilhoso. Esta câmera ainda está funcionando? Alguém na cabine do diretor? Nós estamos ao vivo?

[*para a câmera*] Você sabe o que é ser um cidadão de segunda classe? Que nunca é parte de uma história de sucesso? O que é não ter nascido em berço de ouro? Não partilhar da alegria desses meninos e dessas meninas com seus óculos escuros caros, num dia de sol, na calçada de um café? Você sabe como é ficar para trás, desde o início? Ter de provar primeiro que você não é um vigarista, um marginal, um drogado, um traficante, um criminoso?

Você nunca sentiu esses olhares. Aquele olhar de pena, antes mesmo de você começar a falar. O olhar crítico, antes mesmo de você começar a falar. O olhar "tudo-bem-eu-vou-dar-uma-chance-para-ele". O olhar "olha-para-mim-falando-com-um-dos-nossos-premiados-cidadãos-estrangeiros". O olhar "não-dê-uma-volta-sozinho-com-ele". O olhar "por-que-estou-agindo-diferente-de-como-realmente-sou?". O olhar "não-se-reprima!" O olhar "eu-assumo-mesmo-e-falo. O olhar "vamos-dar-o-nome-certo-para-as-coisas".

Por que você simplesmente não volta para o seu país? Se você está tão insatisfeito. Se você acha que aqui é uma merda.

Vocês nunca me escolheram. Cada centímetro do ser de vocês me exclui. Tudo em vocês resiste a mim. Por quanto tempo vocês serão capazes de reprimir esse impulso natural? Por que não podem simplesmente deixar o corpo de vocês se expressar abertamente? Vocês não sabiam que tinham isso dentro de vocês. Mas é isso que vocês realmente são! Vocês descobriram que tinham um limite. E que esse limite foi ultrapassado. Vocês experimentaram um sentimento verdadeiro, e é uma sensação maravilhosa. Experimentaram o poder de uma comunidade. Porque foi dito a vocês: "Vocês não têm permissão para se sentir dessa forma. Esse sentimento está errado. Esse sentimento nos leva direto aos campos de refugiados." Mas esse sentimento faz parte de quem vocês são. Bem no fundo, todos vocês sabem disso. Vocês são aquele animal. Vocês são aquele acampamento. Todas as suas energias estão concentradas nesse sentimento adorável e animalesco.

Mariam, onde está meu irmão mais novo? Mama? Agora você pode nos dizer onde Ismaël está.

Na tela: "Continua..." Créditos de A nação.

Epílogo // Dia 5, 2h48

Vlog.

O URSO:
Eeeeeei, filhos da puta. Vocês não esqueceram o Velho Urso, não é? Estou de volta para sacudir e confortar vocês com palavras, tão apaixonado por meus próprios pensamentos que às vezes gostaria de poder dedilhar meu jargão, como em uma estação de trem em Colônia na véspera de ano-novo. Ah, Damir, gatinho mimado, você se acha tão misterioso, não é? Com a profundidade da pré-ejaculação derramada pelo seu tapete de oração. Seis letras árabes digitalizadas em seu Corão, entre acessos a pornografia na internet. Aspirante a Scarface. Mas o que é toda essa paz e sossego nas ruas? A batalha continua apenas na realidade alternativa? O desaparecimento de Ismaël tem o formato de um *game show*, um chute nos Nielsens. Mas o Urso precisa de vocês nas ruas! Vocês sabem, o lugar que vocês veem quando não estão olhando para o celular, o lugar onde a magia realmente acontece. Porque, exceto pelo poder de um vodu, não há como explicar o furo de reportagem que recebi: acredite ou não — e passe esta notícia adiante —, testemunhas viram Ismaël após sua prisão, na rua, indo para a casa de sua mãe. Que sacrifício sinistro ela fez pelo seu vinho? Que horrores nos esperam, e quanto tempo vai demorar até que este copo envenenado seja drenado?

A NAÇÃO

EPISÓDIO 3: A grande saudade de Mariam Traoré

Prólogo // Dia 7, 13h46

Ida e Alexander estão em casa. Alexander está olhando para uma foto em seu iPad.

IDA:
Claro que foi fantástico... Para ela. A maneira como ela ficou sorrindo para as câmeras.

ALEXANDER:
Mas todos os membros do conselho pareceram um pouco envergonhados. Ao que parece, todos vocês foram pegos numa situação constrangedora.

IDA:
Bom, era como se não estivéssemos lá, não é? Nem uma palavra de agradecimento no discurso de Mariam! Foi quase perverso. Ela ali, despreocupada e orgulhosa. Orgulhosa do trabalho realizado por nós — e por você, claro. Quem escreveu o pedido de concessão? Quem levou a coisa toda à frente durante aquele processo de licenciamento horrível? O *lobby* na prefeitura?

ALEXANDER:
Meu nome não foi mencionado, espero.

IDA:
A questão é que nosso filho, o filho dela, já está desaparecido há uma semana. Por que essa mulher não o está procurando nas ruas, desesperada?

ALEXANDER:
Porque já estamos fazendo isso.

IDA:
Nós criamos e hospedamos o site. Nós administramos o Disque-Denúncia.

ALEXANDER:
Ela está muito, muito preocupada também.

IDA:
Eu não consigo ver isso, Alexander. Ela estava radiante. Ela estava feliz.

ALEXANDER:
Ela fez um apelo na BBC.

IDA:
Em meia frase. Uma frasezinha horrorosa.

ALEXANDER:
Talvez ela se sinta envergonhada. Talvez tenha medo de perder o prestígio. Ela não quer ser mais uma vítima africana; ela quer ser uma mulher de sucesso.

IDA:
Uma frasezinha de merda: "Eu espero que em breve meu filho seja trazido de volta para mim."

ALEXANDER:
Achei bastante digno.

IDA:
Talvez tudo isso seja apenas a punição de Alá por sua apostasia. Alá dá, Alá tira.

ALEXANDER:
Calma, Ida!

IDA:
Como membro do conselho, apoio totalmente a iniciativa do bar de vinhos. Como muçulmana, considero um insulto grave.

ALEXANDER:
Você não está falando sério. Está, Ida?

IDA:
Eu só queria que você entendesse, Alexander. Não é um capricho.

ALEXANDER:
Ida...

IDA:
Eu pensei muito sobre isso.

ALEXANDER:
Quando?

IDA:
Você não me leva a sério. Eu posso ver no seu rosto: "Posso realmente ter uma muçulmana como esposa? Como vamos aparecer naquele restaurante italiano em Denneweg? No evento de despedida de Van der Veer?"

ALEXANDER:
Usando um lenço na cabeça.

IDA:
Sim, vou aparecer lá usando meu *hijab*.

ALEXANDER:
Do mesmo jeito que você se vestia anos atrás, com aquele seu macacão roxo. E, em 2008, com *buttons* de Obama no peito. Todos achavam muito espirituoso.

IDA:
Nós realmente queremos dar apoio a esses meninos? Ou vamos continuar tocando nossa vidinha? Eu quero que eles se sintam em casa conosco. Quero que eles me vejam como um deles, como parte da comunidade deles.

ALEXANDER:
A mamãe da *Ummah*.

IDA:
Por que você tem de fazer piada o tempo todo?

ALEXANDER:
Foi uma catástrofe aquele *talk show*.

IDA:
Por quê? Porque me comportei como um ser independente?

ALEXANDER:
Porque você se comportou como uma mulher que não confia no próprio marido. Aquele Landschot riu de mim, bem na minha cara. Depois que o programa acabou, ninguém falou mais sobre Ismaël, apenas sobre a primeira conversão ao vivo no horário nobre da TV.

IDA:
Foi realmente a primeira?

ALEXANDER:
E aquele fiasco de marido que não sabia de nada. "Eu tenho de admitir que meio que fui pego de surpresa também." As paródias estão em todo o YouTube. A maioria das visualizações é de um vídeo de uma mulher que de repente se revela um cara ao botar o pau para fora da saia. Depois editam uma imagem minha dizendo: "Eu tenho de admitir que meio que fui pego de surpresa também." Eu não entendo você, Ida.

IDA:
A fé é algo que não se explica.

ALEXANDER:
Ah, para, Ida, não temos mais 14 anos.

IDA:
Eu não entendo mais você, Alexander. Nós confiávamos inteiramente em nossa intuição. Nem tudo precisava de uma explicação. Existem argumentos racionais para receber dois pequenos arruaceiros em nossa casa? Não, apenas parecia a coisa certa a ser feita, e nós abrimos nosso coração.

ALEXANDER:
Isso é completamente diferente.

IDA:
É exatamente a mesma coisa. Eu abri meu coração. E Alá entrou.

Na tela: "A nação — *episódio 3* — *'A grande saudade de Mariam Traoré'."*

Cena 1a // Dia 7, 16h00

Em casa, Wouter e Stijn estão assistindo ao vlog do Urso de Haia.

O URSO:
Para quem sentiu falta da novela, vamos fazer um resumo aqui: tudo começou com Ismaël, que ainda está desaparecido. O primeiro suspeito foi o racista Wilzen, então eles prenderam Damir, o salafista de salão. Mas dizem que Ismaël foi visto mais tarde na rua. Ele conseguiu uma carona com um bom samaritano, e eu tenho um nome para aquele erotomaníaco. É o mesmo nome que a mãe usa para assustar os filhos: não se afaste da trilha ao atravessar a floresta, corra, corra, Chapeuzinho Vermelho. Mas esse Wolff deixa a Chapeuzinho Vermelho ir embora... Mas e Ismaël? Esperemos que sim... Ex-vereador Wouter, que bufa para derrubar a Cidade Segura, melhor amigo do padrasto de Ismaël. Ele viu Ismaël e diminuiu a velocidade? Seus passos foram cronometrados, ele foi visto naquele dia, foi visto no quarteirão, na vizinhança... Ele estava procurando por algo que não conseguiu encontrar? Para fins de pesquisa, o nome desse tipo de homem é precedido por PEDO...

WOLFF:
Muito obrigado, já cansei dessa bobagem toda, muito obrigado.

STIJN:
Não deixe isso afetar você, Wout. Nem fodendo nós vamos dar uma resposta a esses caras.

Cena 2a // Dia 7, 16h00

Van Ommeren e Bratusek estão na delegacia de polícia, esperando um arquivo sair do fax/ da impressora/ da copiadora.

BRATUSEK:
Então quer dizer que eu tenho uma visão limitada? Sua mãe que tem! Acho que você está se arriscando muito, Mark.

VAN OMMEREN:
Damir Ahmedovic não escreveu essas cartas com ameaças. [*referindo-se ao arquivo*] Era por isto que estávamos esperando nos últimos três dias?

BRATUSEK:
Lamento que a prosa jihadista dos últimos vinte anos ainda não tenha sido digitalizada, Sr. Mark. Não puxe o papel, espere um pouco, calma.

Cena 3a // Dia 7, 16h00

Damir está no consultório da terapeuta de desradicalização Hester Keursma.

DAMIR:
Você ficou incomodada por eu não ter apertado sua mão?

KEURSMA:
Por que não falamos sobre como você está se sentindo?

DAMIR:
Você fica irritada.

KEURSMA:
Na verdade, eu fiquei frustrada.

DAMIR:
Posso dizer pelo seu olhar que você fica incomodada.

KEURSMA:
Talvez. Eu me senti um pouco rejeitada.

DAMIR:
Você acha que é algo pessoal?

KEURSMA:
Não se estivéssemos em condições normais. Mas esta conversa é sobre você.

Cena 1b

STIJN:
Então eu presumo que seja tudo um monte de bobagem.

WOLFF:
Se você pensa assim, por que pergunta?

STIJN:
Porque aquela Lineke Kuypers detestável vai perguntar isso amanhã também.

WOLFF:
E então serei um bom menino e direi à "patroa" que naquele dia eu absolutamente não estava...

STIJN:
"Claro, Sra. Kuypers, claro que eu estava em Schilderswijk naquele dia. Você sabe por quê? Porque gosto de ficar próximo do bairro em que aparentemente 70% dos jihadistas que retornam ao país vão parar." Lição 1: nunca tente se defender.

WOLFF:
Mas eu não estava lá, Stijn. Por que até os fatos concretos precisam ser manipulados?

STIJN:
Quando Jan Roos[26] acampou à nossa porta por semanas com uma equipe de filmagem, você teve uma reação exagerada. Não dê munição para os *trolls*!

WOLFF:
Peço a Deus que não seja assim dessa vez. Juro que eu acabei deitado debaixo do edredom em um canto da sala, chorando. Eu gritei comigo mesmo por semanas: "Não deixe isso afetar você! Essa é apenas a bola da vez nas redes sociais." Até os jornais nacionais publicarem a notí-

---

26. Jan Roos: famoso jornalista holandês que escreve para tabloides.

cia. E em letras garrafais. As primeiras páginas diziam: "O vereador de Haia nega associação com Pornografia Infantil." E embaixo: "Ele gostava especialmente de meninos asiáticos em uniformes escolares."

STIJN:
Amanhã todos os seus demônios virtuais serão exorcizados. Isso se você se ativer a este texto e não começar a improvisar de novo.

WOLFF:
Eu vou destruí-los.

STIJN:
A raiva deixa você feio, Wout. Use seu charme. Nem meu pai consegue resistir a você! Se você encontrar o tom certo amanhã e destruir a Cidade Segura... Então você verá qual será o novo *trending topic*.

WOLFF:
#morteavanderpoot.

Cena 2b

VAN OMMEREN:
Estou feliz por finalmente ter conseguido dormir na noite passada. Mesmo estando sozinho.

BRATUSEK:
Quando eu descobrir quem escreveu aquelas cartas me ameaçando, terei uma boa noite de sono novamente. Sozinha. É o silêncio antes da tempestade, Mark, posso sentir. Crianças desaparecem o tempo todo na África e no Oriente Médio, depois aparecem novamente em um mercado lotado ou em um shopping center, usando um cinturão-bomba...

VAN OMMEREN:
Na África e no Oriente Médio...

Puxa um papel de uma máquina de fax.

BRATUSEK:
Não puxe com tanta força, senão...

VAN OMMEREN:
Vocês por acaso usam papel higiênico para imprimir os textos? Merda, rasgou...

BRATUSEK:
Se Mariam não fechar o bar de vinhos, ela vai pagar com a vida do filho.

Cena 4 // Dia 7, 17h00

Mariam está na cozinha de Alexander e Ida.

VAN OMMEREN:
Mas Ismaël é o irmão caçula dele!

MARIAM:
Trouxe um vinho delicioso para vocês dois.

BRATUSEK:
Precisamente. Isso o torna o sacrifício perfeito.

MARIAM:
Ontem, três senhoras de Bezuidenhout[27] vieram tomar um café. E um casal de músicos descolados de Zeeheldenkwartier,[28] que só queriam

---

27. Bezuidenhout: bairro relativamente rico de Haia.
28. Zeeheldenkwartier: bairro badalado de Haia, palco de um festival anual de música e teatro.

beber vinho alemão... Isso me lembrou da minha avó em Mopti. Ela costumava vender as melhores bebidas em todo o Delta do Níger. *"Ya pas de problème!"*, era o que ela sempre dizia, com um grande sorriso no rosto. Os melhores músicos se apresentavam em Mopti, e no fim da noite vinham sempre tomar um drinque no Madame Traoré's. *"Ya pas de problème, monsieur coronel, ya pas de problème, monsieur Musilman, ya pas de problème, ma petite Mariam!"*

Cena 3b

DAMIR:
O fato de não apertar sua mão, você acha que é por sua causa?

KEURSMA:
Não, provavelmente tem a ver com um preceito religioso que você deseja seguir. Mas agora eu gostaria de...

DAMIR:
Não tem a ver com você ou comigo. Isso é maior do que qualquer um de nós. É um momento metafísico no nosso dia a dia. É uma questão de submissão.

KEURSMA:
Submissão.

DAMIR:
De me retirar da equação. De se afastar de tudo. Para exercer controle sobre nosso desejo. Para erradicar todas as possibilidades de intimidade, mesmo que seja apenas um toque. E assim Deus se insere no meio dessa nossa saudação totalmente rotineira.

KEURSMA:
O que mais sinto é distância.

DAMIR:
Eu sinto a proximidade de Deus.

KEURSMA:
Mas fico aqui sozinha, estendendo minha mão.

DAMIR:
Porque a única coisa que você vê é o seu próprio aborrecimento. Você não está sozinha, em seu casulo? Dentro do qual você só pode ver o mundo a partir do seu próprio pensamento. Como se todo fenômeno neste planeta existisse apenas em relação a você. Afinal, essa é a maior mentira de todas. Você não tem a menor importância, Hester. Você não tem. Não somos nada. Não entendemos este universo, nem um pouco.

KEURSMA:
E hoje, ainda assim, vamos dar ao universo o melhor que pudermos.

DAMIR:
Fútil e vão. A religião não é exatamente esse reconhecimento? Estamos profundamente maravilhados com o mistério e nos submetemos a essa misericórdia.

Cena 5 // Dia 7, 17h14

Van Ommeren dobra a metade superior de uma carta e a entrega a Bratusek, que a lê e reage assustada.

VAN OMMEREN:
Ludmilla, leia. Espere aí! Leia com atenção! Não dê só uma olhadinha.

BRATUSEK:
[*depois de ler a carta*] É isto que está vindo para cima de nós, que está pairando sobre a nossa cabeça, Mark. Você não vê a gravidade

disso? Não entende? Onde você conseguiu esta carta? Este é o início da próxima onda de violência jihadista. Depois de Mariam, será a vez dessa senhora, depois que Damir, esse Maomé, assumir. É apenas uma questão de tempo até a próxima pessoa desaparecer.

VAN OMMEREN:
Esta carta não é nova, é muito antiga. Leia a quem se dirige.

BRATUSEK:
[*dobra para trás a metade superior da folha e lê*] "Esta é uma carta aberta a uma incrédula fundamentalista, Ayaan Hirsi Ali,[29] do partido Thagoet, o VVD. Em nome de Alá, o Beneficente, o Misericordioso..." O mesmo texto daquela carta a Mariam...

VAN OMMEREN:
Exatamente o mesmo. Mas esta carta eu encontrei 15 anos atrás, no cadáver de Theo van Gogh. Nosso correspondente simplesmente copiou a carta, palavra por palavra.

BRATUSEK:
Citar outras pessoas é muito comum nesses círculos.

VAN OMMEREN:
Mas ter preguiça e apenas fazer uma cópia da carta anterior que ameaçava a nação? Mudar três frases para se adequar à situação de Mariam? Parece o trabalho de alguém que não leva muito a sério as palavras sagradas de Mohammed B.[30]

---

29. Ayaan Hirsi Ali: ex-parlamentar holandesa do VVD (Partido Popular pela Liberdade e Democracia). De ascendência somali, sofreu ameaças por criticar publicamente o Islã, especialmente por suas leis e costumes relacionados às mulheres. Escreveu o roteiro do filme *Submissão* (2004), dirigido pelo cineasta holandês Theo van Gogh, assassinado por Mohammed B. Houve ligação direta entre o filme e o assassinato.
30. Mohammed B: fundamentalista que assassinou Theo van Gogh, colunista, diretor de cinema e personalidade da TV.

Cena 6 // Dia 7, 18h33

Mariam está na cozinha de Alexander e Ida.

IDA:
Quem mandou essas cartas para você?

MARIAM:
É horrível ter de acusar o próprio filho...

ALEXANDER:
Mariam, a polícia já descartou que tenham sido escritas por Damir. Foi outra pessoa.

IDA:
Isso não tem nada a ver com religião.

MARIAM:
Você é rápida no gatilho, *ukhti*[31] Ida.

IDA:
É algo pessoal, direcionado a você.

MARIAM:
Claro que não tem nada a ver com o Islã.

ALEXANDER:
O remetente sabe onde Ismaël está.

IDA:
Tenho a impressão de que você sabe muito bem quem enviou essas cartas.

MARIAM:
Claro que sei quem enviou as cartas.

ALEXANDER:
Então quem foi? Vamos, fale!

---

31. *Ukhti* ['irmã', em árabe].

MARIAM:
O somali do outro lado da rua que finge estar dando *da'wah*, mas que na verdade está vigiando a minha casa. Aquela mulher iraquiana em seu *niqab*, que despejou meio quilo de intestinos de porco na minha caixa de correio na noite passada. Aquele imã idiota de Quba, que me amaldiçoou em um de seus discursos na sexta-feira.

IDA:
Não, Mariam. Chega de besteira. Quem ameaçou você, quem levantou a mão contra você, quem xingou você, quem disse que bateria em você e a deixaria se você seguisse com seus planos?

MARIAM:
Então você acha que Adem... Adem voltou?

Cena 7a // Dia 7, 16h47

KEURSMA:
O que seu pai disse quando saiu?

DAMIR:
Por favor, não tente reduzir isso a um tópico de seu bacharelado em psicologia.

KEURSMA:
No primeiro dia, todos dizem que nada tem a ver com os pais.

DAMIR:
Então, o que você acha que ele disse? Segundo semestre, terceiro período.

KEURSMA:
Que a partir daquele momento você tinha de cuidar do seu irmãozinho.

DAMIR:
Na mosca.

KEURSMA:
E agora você o perdeu.

DAMIR:
Mariam só pensa nela mesma. Até meu pai voltar. Porque ele está voltando. Até que isto aconteça, eu sou o chefe da família. É assim que funciona conosco.

KEURSMA:
O chefe de uma família que enlouqueceu. Que belo presente.

DAMIR:
Mesmo assim, não é culpa dele. O que você sabe sobre meu pai?

KEURSMA:
Só o que você me diz.

DAMIR:
Não me refiro ao meu pai, me refiro aos deslizes. Ao sistema. Eu me refiro aos policiais que começam a chorar quando alguém joga fogos de artifício perto dos pés deles...

KEURSMA:
Seu pai era policial.

DAMIR:
O primeiro policial muçulmano da delegacia de Laak. Contratado só para atrair subsídios. Quatro anos depois, ele já havia sido suspenso por causa de um tuíte. Você pode imaginar? Por causa de um tuíte de merda!

KEURSMA:
Deve ter sido um tuíte muito provocativo.

DAMIR:
"Holanda, a amiga sionista, quer muçulmanos em todo o mundo: de Srebrenica[32] a Cabul, com cães de guarda na Cisjordânia." Virou

---

32. Srebrenica: cidade e município localizados na parte oriental da República Sérvia. Durante a Guerra da Bósnia, as Nações Unidas declararam a área ao redor de Srebrenica Zona de Segurança da ONU. A região era guardada por uma pequena unidade holandesa, que operava sob o comando da Força de Proteção das Nações Unidas, que não tinha meios suficientes para defender a população local. Srebrenica foi palco de um massacre de mais de 8 mil homens e meninos bósnios, posteriormente considerado um ato de genocídio pelo Tribunal Penal Internacional para a ex-Iugoslávia e pelo Tribunal Internacional de Justiça.

o assunto em todos os cafés. Do jeito que os veteranos tagarelam... Depois disso, ele só pôde brincar de policial no sofá, em casa.

KEURSMA:
Como vocês lidaram com isso?

DAMIR:
Desculpe, Hester, não estou aqui para descobrir que essa porra toda tem relação com as surras que o Papa me dava, com a violência dele quando bebia... Histórias de fantasma africanas. Adem, o Terrível! O Rambo de Potočari![33]

Cena 8a // Dia 7, 18h47

ALEXANDER:
Neste momento, há muitas pessoas que pensam que você está prejudicando o bom nome da sua família, e o de Adem também. Cada vez que você aparece no jornal, você ofende sua honrosa linhagem do Mali e a valorosa família Ahmedovic, de pessoas que sempre lutaram pela liberdade da Bósnia. Suas ações são uma mancha no bom exemplo que eles tentam dar. Nós três sabemos do que sua família é capaz. Mesmo que isso tudo tenha se tornado um tabu, não vamos mais ignorar os fatos. Há algo que você precisa nos dizer, Mariam.

Cena 7b

KEURSMA:
O que você pensou quando...?

DAMIR:
Quando meu pai foi embora? Admiro sua persistência, Hester.

KEURSMA:
Não posso evitar, isso realmente me interessa, Damir.

---

33. Potočari é um povoado localizado no município de Srebrenica.

DAMIR:
Eu fui o único para quem ele contou. Quase morri de susto quando, de repente, ele apareceu no meu quarto no meio da noite, chorando. Achei que estivesse sonhando. "Não vá, fique aqui", eu disse. E meu pai me disse: "É ela que está indo embora, é Mariam que está nos deixando." O mundo está cheio de famílias desfeitas, Hester.

KEURSMA:
Isso não torna essa despedida menos dolorosa.

DAMIR:
Uma suposição tipicamente ocidental, pensar que a dor não faz parte da vida.

KEURSMA:
Então isso lhe causou dor.

DAMIR:
Então você pode fazer essa dor desaparecer?

KEURSMA:
Só posso ensinar a não ter mais medo da dor.

DAMIR:
Buaah!

KEURSMA:
Assim você pode finalmente parar de agir como o clichê em que eles transformaram você.

DAMIR:
Posso imaginar por que ele foi embora. Eu também não conseguiria viver por mais tempo com aquela vadia.

KEURSMA:
Aquela vadia? Quer dizer, sua mãe?

DAMIR:
Aquela vadia, minha madrasta. Não sou tão negro, sou, Hester?

KEURSMA:
Porque sua mãe verdadeira, Edina...

DAMIR:
Morreu no centro de refugiados. No dia em que dois aviões se chocaram contra os arranha-céus, um coágulo de sangue se dirigiu até o cérebro da minha mãe. O Ocidente perdeu a inocência e eu perdi a mãe mais doce que já existiu. Em cima do leito da minha mãe, aquela feiticeira do Mali seduziu meu pai. Enquanto o soro era trocado, eles trocaram olhares amorosos. Enquanto minha mãe desaparecia aos poucos, eles eram tão abusados que seduziam um ao outro cada vez mais descaradamente. E logo depois que minha mãe deu o último suspiro, eles se beijaram pela primeira vez.

KEURSMA:
Você estava com raiva de Mariam.

DAMIR:
Eu era louco por ela. Mariam era tudo para nós.

Cena 8b

MARIAM:
Você conhece meu tio Sangaré? Ele tem uma pizzaria em Breda. Ele se comporta como se fosse italiano. Sabe por quê? Porque sua esposa queria isso mais do que tudo: uma verdadeira pizzaria italiana, mas usando o melhor queijo do Mali. Conhece meu sobrinho Sidibé? Ele mora em Primrose Hill. Ele é chefe de departamento da British Telecom e coordena o tráfego telefônico em todo o Sudeste Asiático. Minha sobrinha Fatawa? Participou de *The Voice — Bamaco* em 2011 e uniu todo o país, de Sicasso a Tombuctu, com suas danças sensuais e sua voz suave como seda. Então você acha que sou uma mulher oprimida? Uma refugiada africana que veio para cá em um barco furado? Cheguei aqui pela Air France. Eu desembarquei em Schiphol. Passei por todo o processo de asilo sem contratempos. Eu não precisava mentir, porque as cicatrizes no meu corpo contavam toda a história. Vocês dois já pediram para ouvir minha história? Ou você apenas inventou uma história por conta própria? Um conto de fadas exótico

sobre uma mulher oprimida, famílias ávidas para vingar sua honra e um malvado criminoso bósnio.

IDA:
Não inventamos contos de fadas, Mariam, vemos a verdade nua e crua. Sabemos que seu tio preferiu ficar em sua pizzaria quando Adem, que estava louco de raiva, veio buscar você e as crianças em seu endereço secreto. Sabemos que o seu sobrinho rico de Londres não se atreveu a enviar um único centavo para apoiar seu investimento em vinhos importados... E *The Voice — Bamaco* foi retirado do ar agora, por causa de ameaças de fundamentalistas muçulmanos. Isso mesmo, Mariam, as cicatrizes contam a história.

MARIAM:
Fui eu. Fui eu mesma que escrevi as cartas.

Cena 9 // Dia 7, 20h00

Wouter e Stijn assistem a outro vlog do Urso.

O URSO:
Aqui está o Urso. Um brado para todos os meus seguidores e espectadores, obrigado pelos comentários e pelas mensagens de ódio. No especial de hoje, nos concentramos no pequeno Wouter Wolff. Bem, Wout, eu não sou seu tipo, e eu entendo, tem muito cabelo no meu *joystick* e meu perfil de urso-pardo do Grindr tem uma foto que está muito borrada, mas infelizmente eu recebi mais cliques do que o seu relações-públicas recebe de porra no queixo, naqueles filmes pornô dele. Então pense duas vezes antes de clicar, porque são os hábitos que fazem um bom menino, cara. Deixe os *haters* falarem quanto quiserem, mesmo que as crianças com a sua porra na cara realmente tenham apenas 15 anos. Os tempos mudaram. Como se naquela época, naquele parque em Eindhoven, você realmente exigisse a certidão de nascimento de cada menino que chupava você. Daí a minha primeira pergunta ao convidado desta noite: você é homossexual ou é uma bichinha maricona?

PALHAÇO:
Humm? Não. Eu não sou quem você está pensando.

O URSO:
Você fez inscrição e preferiu aparecer disfarçado para falar sobre o que viu. Já posso adiantar que o material é explosivo, então deixe de suspense, conte o que você quer contar!

PALHAÇO:
Então, estou disfarçado porque sei o que pode acontecer. Pode parecer história da carochinha, mas é como eu sempre digo: quanto mais peludo o lobo, mais pulgas há para apanhar...

O URSO:
Legal.

PALHAÇO:
E onde há fumaça, há fogo. Pela maneira como Wolff age na TV, você pode dizer que algo não está certo. Ok, pederasta, eu não usaria a palavra "pederasta", mas vi com estes olhos que a terra há de comer que Ismaël entrou no carro com esse Wolff.

Cena 10 // Dia 7, 20h00

Van Ommeren e Bratusek olham para uma fotografia.

VAN OMMEREN:
Você acabou de encontrar isso na sua gaveta?

BRATUSEK:
Envelope branco simples, sem endereço do remetente.

Cena 11 // Dia 7, 20h00

WOLFF:
Isso é um monte de merda. Não me olhe assim, Stijn. Lixo perverso, inventado por mentes doentes.

VAN OMMEREN:
Porra, isso está indo pelos ares.

WOLFF:
O que foi?

STIJN:
Você ficou lá sentado, sem dizer uma palavra. Como se a informação não surpreendesse você em nada. Como se você tivesse esquecido que eu estava sentado a seu lado.

WOLFF:
Eu estava ouvindo, ok? Isso tudo está me deixando louco. Vamos continuar com o sermão?

BRATUSEK:
Nós vamos trazê-lo para a delegacia? Você quer que eu chame uma equipe...?

VAN OMMEREN:
Somente quando tivermos 100% de certeza. Essa coisa pode ser montagem.

BRATUSEK:
Então é melhor que eles verifiquem isso imediatamente.

VAN OMMEREN:
Porra, se isso for realmente verdade...

WOLFF:
Erro número um de qualquer político: nunca se defenda de ataques. Se você cair nas armações deles, estará perdido antes mesmo de começar.

VAN OMMEREN:
Só pode ser falso. Demora muito para você verificar?

STIJN:
Foi postado há 15 minutos e já tem 11 mil visualizações!

BRATUSEK:
No laboratório forense? Dez dias, é feriado prolongado, então...

VAN OMMEREN:
Ai, Jesus!

BRATUSEK:
Mas eu tenho um cara...

VAN OMMEREN:
Ligue para o seu cara... Agora mesmo!

Bratusek liga.

WOLFF:
[*trabalhando no discurso*] Esta nova investigação da Cidade Segura também constitui uma acusação de corrupção moral... *Corrupção moral* é bom... Que infectou todos nós. A fraude moral... Só vou acrescentar uma coisinha... Que devastou nossos corações. [*Stijn se levanta*] Aonde você vai? Você não acredita no que aquele palhaço diz, não é, Stijn?

VAN OMMEREN:
É uma clássica chantagem *kompromat*.

BRATUSEK:
É bom demais para ser verdade.

VAN OMMEREN:
"Bom demais", a ponto de derrubar um político?

BRATUSEK:
Bom a ponto de nos dizer onde procurar por Ismaël.

VAN OMMEREN:
Vá em frente, leve uma equipe para o local. Meu Deus, já se passou uma semana...

WOLFF:
Por que eu botaria aquele garoto no meu carro? O que eu fiz com Ismaël? Vamos, me diga o que acha que fiz com aquele menino?

STIJN:
Então você não nega que estava passando por lá?

WOLFF:
Talvez eu tenha dirigido por aquele bairro de merda, ok. Eu estava seguindo a porra do GPS, ok? Como vou saber para onde aquela porra estava me levando? Para qual estrada os deuses estavam me enviando?

WOLFF:
Você não consegue ver o que eles estão fazendo conosco, Stijn?

Cena 12 // Dia 7, 20h00

MARIAM:
Quanto mais ameaçada eu era, mais ajuda recebia. Depois de cada carta, as pessoas me mandavam flores e cartões. "Apoiamos você 100%. Nós nunca vamos abandonar você." Nunca me senti tão em casa neste país como depois daquela décima carta — parecia meu aniversário.

Era como se as ameaças me dessem um brilho especial. "Olha, é ela, aquela ali, que recebe ameaças!" Proteger minha pessoa passou a ser uma questão de prestígio, uma *selfie* comigo era uma coisa cobiçada. A fina flor de Haia viu algo em mim que realmente importava. "Ela está viva! Ela opta por sua liberdade, mesmo que custe sua vida, mesmo que custe a ela..."

IDA:
Seu filho?

Cena 13a // Dia 7, 20h10

WOLFF:
Houve uma reunião extraplenário do partido na casa de Neeltje. Repassamos as agendas das audiências da semana seguinte.

STIJN:
Você saiu de lá às 19h30.

WOLFF:
Não me lembro que horas eram. Sete e meia? Eu fiquei zanzando por aí por um tempo. Tomamos outra bebida.

STIJN:
Você tinha bebido.

Cena 14a // Dia 7, 20h10

Alexander pega o telefone e fala de maneira agitada.

ALEXANDER:
Está feito, Mariam. Acabou! Você sabe que isso é inaceitável. Isso não pode acontecer. É uma mácula no governo da cidade.

IDA:
Você não pode fazer isso...

ALEXANDER:
Sim, posso. Esta noite, o destacamento de segurança da polícia está sendo retirado. Amanhã de manhã todo o projeto será revisto. Amanhã à tarde a licença será rescindida. Antes do fim do dia, o prefeito fará uma coletiva para contar toda a história.

Cena 13b

STIJN:
Você saiu às 19h30. Quando chegou aqui, eram quase 22h. Entrou todo agitado. Morrendo de fome. Mas tinha de fazer algumas ligações e responder a alguns e-mails primeiro. Eu esquentei o seu jantar, mas você ficou mais uma hora inteira...

WOLFF:
Foi meia hora, no máximo.

STIJN:
No seu escritório. Ouvi você lá, xingando, bufando.

WOLFF:
O quê? Você encostou o ouvido na porta?

STIJN:
Andando para a frente e para trás o tempo todo. Chutando a caixa do gato. Moosey não pôde entrar.

WOLFF:
Foi uma reunião muito intensa. Estávamos falando sobre como ampliar o escopo da investigação da Cidade Segura. Então, de repente, Sadik resolveu se meter, com sua bunda turca gorda. Ele disse que na ausência de fatos concretos, ele se opunha à investigação da Cidade Segura. Fatos concretos! O comitê tem de pedir para ver seus extratos bancários. E a lista de membros do Partido AK, enquanto eles estiverem investigando. Típico comportamento de turco, simpatizar com um projeto de construção neofascista como...

STIJN:
Por favor, haja o que houver, não use esses termos amanhã!

Cena 14b

ALEXANDER:
Por meses você foi o exemplo brilhante, Mariam. Você foi a personificação do que defendíamos. Mas, na verdade, você é um cinturão-bomba político. Não podemos permitir isso, não agora que a Cidade Segura está prestes a sair do papel. Isso termina aqui. Hoje à noite, vamos jogar essas bombas na rua e esperar que a tempestade passe o mais rápido possível. Mantenha as janelas fechadas no fim de semana. Na próxima semana, vão estar dando aulas de salsa novamente no lugar onde seria o seu bar.

Cena 13c

WOLFF:
Não me tranquei no meu quarto por 45 minutos! Tenho o direito de me recuperar de um dia de merda? Tudo bem para você? Não, Moosey não pôde entrar. Sim, você podia esperar alguns minutos, com seu jantar de micro-ondas.

STIJN:
Eu cozinhei para você.

WOLFF:
Você cozinhou para mim.

STIJN:
Meu risoto de erva-doce com linguiça.

WOLFF:
E eu achei delicioso, querido.

STIJN:
É por isso que você não terminou seu prato. Você se tranca por 45 minutos e, de repente, sai do quarto, louco, como um *hamster* em uma gaiola. Não para de falar um minuto, quer dançar comigo, me foder, passar a noite inteira comigo assistindo a *The Crown*... Tire suas mãos de mim!

WOLFF:
Porra, eu estava me sentindo *aliviado*, Stijn!

STIJN:
O que aconteceu naquela sala?

Cena 14c

ALEXANDER:
Ela pergunta com seus olhos grandes, negros e inocentes: "O que eu fiz de errado?" Você está neste país há tempo demais para continuar bancando a nobre selvagem, Mariam. Você nos ferrou. Você não ficou intimidada, você mentiu para nós. Seu holandês é bom o suficiente para entender a diferença![34]

Mariam avança em Alexander, Alexander revida.

Cena 13d

WOLFF:
Nada aconteceu naquela sala. Idiota!

Cena 14d

IDA:
Não é culpa dela.

---

34. Em holandês, um jogo de palavras: *bedreigd* ['intimidado'] e *bedriegt* ['mentiu para nós'].

ALEXANDER:
Isso também tem a ver comigo, Ida. Levei os filhos desta mulher para a minha casa. Trabalhei como um louco nos bastidores do bar de vinhos. Consegui que o prefeito se comprometesse a ir à inauguração. Liguei para o delegado: "A *happy hour* está liberada todas as sextas-feiras!"

WOLFF:
Eu estava muito feliz por estar com você novamente. Em nossa casa, com Moosey, no sofá.

ALEXANDER:
Mas sem o secretário municipal, você não é nada! E é aqui que eu estabeleço um limite.

WOLFF:
Sem Cidade Segura, sem Sadik, ninguém tentando me desonrar...

IDA:
Pare, Alex, pare.

ALEXANDER:
Sem sombra de dúvida. Isso termina aqui.

IDA:
Espere.

STIJN:
Sem cair em desgraça.

WOLFF:
Eu encontrei a munição de que precisava. Eu finalmente iria atrás dele.

STIJN:
De quem?

WOLFF:
Sjoerd van der Poot.

Cena 15 // Dia 7, 17h13

DAMIR:
[*para Keursma*] Foram os homens loiros do seu país, com aquelas boinas azuis elegantes, que prometeram ao meu pai: "Você está seguro com a gente. Sua família, seu filho recém-nascido, sua mesquita, estão todos seguros." Mas aqueles soldados não cumpriram com a palavra. Não protegeram a família dele, seu bebê. E com certeza não protegeram sua mesquita. Eles simplesmente assistiam a tudo acontecer com aqueles olhos azuis: os assédios à noite, as intimidações durante o dia, os ônibus lotados, indo Deus sabe aonde. É tão estranho que aqui, neste país, meu pai exigisse apenas o que ele merecia. Não vá chamá-lo de caçador de fortunas. Chame-o de caçador de compensação. Ele veio para este país e respirou ar fresco. Foi se acostumando com o pessoal *blasé* dos centros de refugiados. Os vilarejos com um bar e um restaurante chinês. A indiferença dos habitantes da cidade. Ele teve uma chance: ele conseguiu entrar para a academia de polícia e se tornar um policial, assim como na Iugoslávia. Mas dessa vez na sede do governo. Mas ele conseguiu se adaptar no bairro onde encontrou uma casa? Um bairro que era banal, desinteressante, sem aconchego, sem festa na rua, sem bar local. Nem era para se acostumar. Um dia, tudo foi tirado dele. "*Daj mi casu rakije. Hocu da se napijem.*"[35] *Khamr* — "álcool" — era o doce conforto do Diabo. Por fim, este homem também perdeu sua segunda esposa. No momento em que ele perdeu seu último emprego, ela conseguiu seu primeiro e péssimo emprego. No momento em que ele não tinha mais um centavo em seu nome, ela recebeu seu primeiro pagamento. Quando ele passou a ficar dias inteiros no sofá de casa, ela passou a sair mais do que nunca, para o bar de vinhos. "Foi ela quem foi embora, foi Mariam quem nos deixou."

---

35. Letra de uma canção bósnia sobre embriaguez.

Cena 16 // Dia 7, 20h17

IDA:
Mariam, pense nisso. Tudo meio que foi tirado de você. Você se sentiu tão sozinha que entendeu que tinha de transmitir um sinal poderoso. Parecia que nem mesmo as cartas eram mais suficientes. Então você pensou: "Preciso de algo maior. Algo radical." Pense nisso...

MARIAM:
O quê? O quê?

IDA:
Antes, quando você estava desesperada, também exagerava nas coisas. Você mentiu sobre o uso de drogas de Damir. Fazia Adem parecer ainda pior do que ele era. Foi um grito de socorro, eu entendo isso perfeitamente, mas imagine que...

Cena 17 // Dia 7, 20h17

WOLFF:
Eu não devo a você nenhuma explicação. Mesmo você sendo meu RP.

STIJN:
Eu sou seu companheiro.

WOLFF:
Você é meu gostosão.

STIJN:
Há seis meses!

WOLFF:
Isso concede a você algum tipo de privilégio especial?!

MARIAM:
Que eu fizesse Ismaël desaparecer?

IDA:
Eu entenderia, querida! E eu perdoaria você.

STIJN:
Então, por que um trajeto de 20 minutos levou 2 horas?

WOLFF:
E por que estou sendo interrogado em minha própria casa? Onde você estava naquela noite? O que você estava fazendo no seu quarto?

IDA:
Ficaria tudo bem, se você contasse agora...

MARIAM:
Que sequestrei meu próprio filho?

IDA:
Se você contasse isso...

STIJN:
Você também bebeu hoje.

WOLFF:
Você sabia que o álcool mina suas inibições? Que o álcool pode levar você a fazer as coisas mais estranhas? Como passear pelas ruas à procura de carne jovem?

IDA:
Foi isso que você quis dizer agora?

WOLFF:
É isso que você pensa, Stijn? Todas as coisas bizarras que você leu sobre mim na internet? Que onde há fumaça há fogo?

IDA:
De certa forma, eu acharia isso perfeitamente compreensível. E Alexander também, certo? Mas, por favor, me diga.

WOLFF:
O que você está tentando dizer, afinal? Que atraí o filho adotivo do meu melhor amigo para dentro do carro? Que eu o levei a um ponto escuro para que ele me fizesse um belo boquete? Que fui para o meu quarto depois para me masturbar com as fotos do meu garotinho? É isso que você quer, olhar meu celular?

IDA:
Mas você tem de dizer agora, Mariam. Porque já se passou uma semana. E uma semana é muito tempo para um menino da idade dele. Eu não sei como você organizou as coisas. Comida. Água. Temos de ser rápidos. Tenho certeza de que você tem seus motivos, seus motivos são muito antigos. As cicatrizes em seu corpo contam sua história terrível. Você não deve nos culpar por nos sentirmos tão desajeitados e impotentes diante de tanto sofrimento. Mas pelo menos nos deixe ajudá-lo. Olhe para nós como uma espécie de Cruz Vermelha. Um observador independente durante a guerra que você não pode deixar de travar. Leve-nos até o menino, Mariam.

Por favor, leve-nos até Ismaël.

IDA:
Onde está Ismaël, Mariam? Onde está Ismaël, porra? ONDE ELE ESTÁ, DROGA? ONDE ESTÁ MEU DOCE MENINO? EU LHE IMPLORO, MARIAM! AH, QUERIDA MARIAM, AJUDE-ME. AAAAHHH! O QUE VOCÊ ESTÁ FAZENDO PARADA AÍ, COMO SE FOSSE UMA PALMEIRA DOENTE?

MARIAM:
Você é doente.

IDA:
É isso que eu sou?

MARIAM:
Vocês dois são pessoas muito perigosas.

Ela se vira e sai.

IDA:
[*para Alexander*] Ligue. Ligue. Acabou. O bar de vinhos está acabado.

STIJN:
O que você estava fazendo em Schilderwijk naquela noite? Você viu Ismaël na Heemstraat?

WOLFF:
Você está me traindo, Stijn. Você não é leal a mim. As mentes doentes também envenenaram você. Você não percebe como estão nos separando? Como você me olha de forma diferente agora?

STIJN:
Eu não olho para você de forma diferente. Eu amo você.

WOLFF:
E o que isso significa, pelo amor de Deus?

Cena 18 // Dia 8, 20h25

Mudança. Todo o cenário é movido para junto da parede.

Cena 19 // Dia 7, 23h17

Van Ommeren e Bratusek arrastam Damir pela rua, à vista de todos.

DAMIR:
Vocês dois não têm nada melhor para fazer do que molestar um muçulmano devoto?

VAN OMMEREN:
Então nos diga onde esse rapaz devoto estava hoje à noite, hein?

DAMIR:
Eu não sou obrigado a responder nada. Não é da sua conta onde eu estava. Aqui está minha carteira de identidade, aqui está o endereço da minha terapeuta, aqui está minha tornozeleira eletrônica, aqui está o número do meu advogado. Ah, e aqui está uma foto do meu irmão caçula. Talvez vocês dois possam tentar encontrá-lo.

VAN OMMEREN:
O bar de vinhos da sua mãe foi vandalizado ontem à noite.

DAMIR:
O bar de vinhos da minha madrasta é vigiado por guardas dia e noite, como se fosse o *bunker* da Krikke, ou algo assim.

VAN OMMEREN:
Os guardas receberam ordens para sair de lá às 20h da noite passada.

DAMIR:
E de quem foi essa brilhante ideia?

BRATUSEK:
Ordens da prefeitura.

VAN OMMEREN:
Antes que qualquer um pudesse se sentar à mesa para o *Iftar*, todas as janelas foram quebradas e as garrafas de Chardonnay foram destruídas. Testemunhas viram um grupo de motoqueiros mascarados botar o bar abaixo em menos de cinco minutos. Essa orgia violenta foi seguida de muito gritos de "*Allahu Akbar*", embora algumas testemunhas jurem que eles estavam gritando: "Fim a todos os bares de cocô."

DAMIR:
Diria que foi uma armadilha. O muro israelense finalmente caiu e é a nossa chance de conseguir nosso espaço nos assentamentos.

VAN OMMEREN:
Então você estava lá?

DAMIR:
Não, senhor. Eu estava na mesquita.

BRATUSEK:
Você pode provar?

DAMIR:
Só Alá pode provar.

BRATUSEK:
E como nós conseguimos entrar em contato com ele?

Cena 20 // Dia 7, 23h40

Damir entra na casa de Mariam.

MARIAM:
O que você está fazendo aqui?

DAMIR:
Esta é minha casa.

MARIAM:
Você disse que nunca mais apareceria na minha casa.

DAMIR:
Esta é a casa do meu pai, Adem Ahmedovic.

MARIAM:
Você nunca conheceu seu pai.

DAMIR:
Eu sou filho dele, de carne e de sangue.

MARIAM:
Você nunca sentiu a palma da mão dele. Nunca foi arrastado pelos cabelos nesta sala. Você nunca viu o olhar dele, como se dissesse: "Este homem está vendo todos os outros agora." Aqueles que o humilharam, que o quebraram, o abandonaram. Todos aqueles rostos estão agora no meu rosto. Eu era sacrificada por todos aqueles que haviam feito mal a ele.

DAMIR:
Você acha que eu não ouvia? Que Ismaël e eu não estávamos ouvindo atrás desta porta? Que não ficamos com medo quando o ouvimos chegar em casa à noite, tropeçando no corredor, tateando no escuro. Logo soubemos: "Ele teve uma recaída." E, em seguida, ele entrou em nosso quarto, ficou ao lado da minha cama por mais de uma hora, chorando e falando sem parar. Dizendo quanto me amava, como se tudo estivesse perdido. Eu não entendi por que ele ficou ao lado da minha cama por tanto tempo. Falando, chorando. "Papa, vá embora!"

MARIAM:
Ele fez alguma coisa com você?

DAMIR:
Não, ele não fez nada comigo. Você realmente não entende, não é? Como você pode ser tão estúpida?

MARIAM:
Isso não é jeito de falar com sua mãe.

DAMIR:
Você não é minha mãe.

MARIAM:
Quando as coisas começaram a dar errado entre nós, Damir?

DAMIR:
No momento em que você entrou em nossa vida.

MARIAM:
Você sabe que isso não é verdade.

DAMIR:
Mas eu quero muito acreditar nisto.

MARIAM:
Eu cuidei de você, de todos vocês.

DAMIR:
E deixou minha mãe morrer lentamente.

MARIAM:
Ela iria morrer, não importa o que fizéssemos.

DAMIR:
Mas ela não lutou, porque você estava lá! E ela viu como Papa olhou para suas curvas pretas enquanto segurava a mão dela. Ela viu como vocês dois flertaram diante do corpo quase morto dela...

MARIAM:
Eu nunca flertei.

DAMIR:
Só o fato de você estar ali foi uma grande tentativa de sedução.

MARIAM:
Você era muito pequeno. Você não sabe como foi.

DAMIR:
Ela sentiu a atração entre vocês dois. Viu a maneira como vocês se olhavam. Podem se passar anos, ela será a única que foi capaz de dar ao meu pai o que um homem deseja. Ela deixou vocês dois juntos apenas porque ia morrer.

MARIAM:
Você acha que eu matei sua mãe.

DAMIR:
O que eu sei é que você tornou mais fácil para ela morrer. Diga onde está meu irmão mais novo, Mariam Traoré. Diga onde ele está escondido.

MARIAM:
Centenas de garrafas quebradas. Todo o chão coberto de poças ensanguentadas de vinho tinto. Meu sonho foi sugado por esfregões encharcados de vermelho. Qual de seus amigos perversos foi que inventou isso: amarrar um bilhete em cada tijolo, sempre com o mesmo remetente, "Ismaël"?

DAMIR:
Isto é um absurdo! O desaparecimento dele, a maneira como você encenou tudo. Até que ponto uma pessoa pode chegar? "Ismaël, vamos sair de férias por alguns dias." Onde ele está? Na casa do tio Sangaré, em Breda? No *trailer* da casa de Doorn, aquele que pertence à família do Papa? "Uma ou duas semanas, mas não pergunte por quê." O que você fez para assustá-lo? Você contou a ele histórias de fantasmas sobre parentes zangados, um molestador de crianças assustador, "seu irmão enlouqueceu"? Esta é a sua vingança contra o mundo? A vida de uma criança pela libertação de todas as mulheres muçulmanas. A vida de uma criança por todas as humilhações que você teve de sofrer. Ele ainda está vivo? Mama, Ismaël ainda está vivo?

MARIAM:
Por que você me chamou de "Mama"?

DAMIR:
Mama, Ismaël ainda está vivo? Você acha que ele ainda está vivo?

Ele tenta abraçá-la.

MARIAM:
O que você está fazendo?

DAMIR:
Não sei. Mama...

MARIAM:
Pare com isso.

DAMIR:
Mama, você poderia me abraçar só um pouquinho?

MARIAM:
Claro. Eu não entendo você, Damir.

Ela o abraça, sem jeito.

DAMIR:
Mama, nosso Ismaël ainda está vivo?

MARIAM:
Eu penso que sim. Eu penso que sim. Eu sei que ele está.

DAMIR:
Estou com tanto medo por ele.

MARIAM:
Eu também, querido. Eu também.

DAMIR:
Eu não sei o que fazer. Ele é tudo o que eu tenho. Por que tínhamos de brigar o tempo todo? Ele podia às vezes ser muito irritante, um idiota. Mas agora só lembro de nós dois deitados em nossas camas, contando histórias bobas a noite toda. De repente, ele se sentava na cama e dizia: "Estou vendo o fantasma do vovô Ahmedovic! Lá! Bem ali!" E então ele me assustava com a lanterna. Teve aquela vez que ele fez uma apresentação de slides sobre o *Grande mistério do desaparecimento de Damir*.

MARIAM:
Lembro que você falou que aquilo era muito bobo.

DAMIR:
Eu também pensei que era uma bobeira. Mas agora eu penso diferente: acho muito especial aquele garoto ficar sentado no quarto organi-

zando centenas de slides antigos, montando toda uma apresentação sobre meu sequestro por uma rede de pedófilos.

MARIAM:
Aquilo foi longe demais.

DAMIR:
Longe demais, mas todos vocês morreram de rir.

MARIAM:
Venha aqui.

DAMIR:
Não, já estou melhor.

MARIAM:
Mas o que foi aquilo?

DAMIR:
Eu já não sinto mais.

MARIAM:
Mas você sentiu de verdade.

Cena 21 // Dia 8, 10h05

Wouter Wolff falando à Comissão Parlamentar de Segurança Holandesa.

WOLFF:
Senhoras e senhores deputados, estou aqui hoje não como deputado. Eu estou aqui como ser humano. Um ser humano que nesta última semana sentiu intensa compaixão pela família de Ismaël Ahmedovic. Um cidadão preocupado que viu, com raiva crescente, como nossa polícia foi incapaz de trazer essa criança em segurança para casa.

Mas, sem dúvida, vocês também ouviram a boa notícia, através da mídia, de que a possível localização de Ismaël Ahmedovic foi encontrada. O chefe da polícia de Haia anunciou que as escavações começarão imediatamente no canteiro de obras da Cidade Segura, o mesmo local sobre o qual este Parlamento tantas vezes discutiu. Alguém pode realmente negar que uma maldição repousa sobre esse plano megalomaníaco?

Eu peço a vocês: por favor, deixem que este momento seja um divisor de águas.

A Cidade Segura seria a nossa utopia — uma restauração da pureza e da unidade, uma fortaleza contra "O Caos", "O Conflito Racial", "A Guerra Civil Inevitável".

Mas essa Holanda não é a nossa Holanda. Essa Holanda exclusiva, essa Holanda inconstitucional de Sjoerd van der Poot, é uma Holanda contra a qual lutarei até o último suspiro.

E, portanto, tenho o prazer de informar que, por ordem do Comitê de Toorenburg, todas as atividades comerciais da Van der Poot Ltda. serão suspensas a partir de hoje.

A Cidade Segura acabou. Neste exato momento.

Bratusek e Van Ommeren vão até Wolff e pedem, baixinho, que os acompanhe. Congela.

Epílogo

Vlog.

PALHAÇO:
Buuu! Estou aqui de novo! Amigo do Velho Urso. Sou eu, o Kung Fu Panda e o Ursinho Puff. Não pergunte como, não pergunte quem. O Houdini neste "Quem-matou-quem?" faz a mágica dele. Agora é mano a mano. Palhaço contra Wolff, o bufão contra a fera. Foda-se, as preliminares acabaram... Vai começar a festa!

Mostra uma fotografia nítida de Wolff com Ismaël, os dois juntos no canteiro de obras da Cidade Segura.

Na tela: "Continua..." Créditos de A nação.

A NAÇÃO

EPISÓDIO 4: A queda interminável de Wouter Wolff

Prólogo // Dia 10, 9h00

Todos os textos recuados são textos de vídeo, supostamente retirados de um documentário que pode ser chamado de A queda de Wouter Wolff, uma reconstrução do dia 10, feita no ano de 2022.

POPPE:
(*André Poppe, presidente do partido.*) Sempre pensei que política estava relacionada a justiça. É claro que, superficialmente, se relacionava com interesses, poder, imagem. Mas eu estava convencido de que nossa democracia — e aquela invenção brilhante, a *trias politica* — foi criada, em última instância, para proteger os menos capazes de se proteger. E que meu partido era a personificação dessa luta permanente por justiça. Uma casa robusta que nos protegeu dos ventos uivantes do comercialismo e dos caprichos do momento. Eu estava errado.

Na tela: "Uma reconstituição do dia 10."

AKKERMANS:
(*Robbert Akkermans, parlamentar de 2009 a 2021.*) Bom, naquela manhã, subi pelo Stadhouderspoort até o Binnenhof.[36] Fazia sol. Os manifestantes ainda não haviam chegado. Só o cara que vende arenque.

TROMP:
(*Neeltje Tromp, líder do partido de 2017 a 2021.*) Estava muito quente. Tenho certeza de que isso tornou o pânico ainda maior.

---

36. Binnenhof: o pátio e o conjunto de prédios do Parlamento holandês, em Haia.

AKKERMANS:
Eu estava caminhando em direção à entrada do antigo salão de reuniões, em frente ao Ridderzaal.[37] E pouco antes de passar pelas portas de correr, alguém passou por mim, saindo.

WOLFF:
Volto em um minuto... Vou comprar uns doces na confeitaria Wiener!

AKKERMANS:
Era Wouter Wolff. E ele estava eufórico.

POPPE:
Naquele momento, ninguém previa o drama que se instauraria no fim daquele dia de calor.

WOLFF:
O que eu trago para você, Rob? Um *strudel* de nozes com chantili extra?

AKKERMANS:
Eu fiquei pasmo...

STIJN:
(*Stijn Bavert, assistente de comunicação e relações-públicas.*) Sim, eu ainda o amo. Apesar de tudo.

AKKERMANS:
Ali estava um homem indo comprar doces, como se nada tivesse acontecido. Mas, então, foi tudo um sonho? Sua prisão naquele fim de semana. Aquela foto desastrosa. A nossa queda nas pesquisas. A reunião de emergência que realizamos naquela segunda-feira.

AKKERMANS:
Não, traga um rolinho de limão para mim, está muito quente.

---

37. Ridderzaal é o edifício principal da praça interna do Binnenhof, construído no século XIII. É usado para a abertura anual do Parlamento, em Prinsjesdag. Também é usado para recepções reais oficiais e reuniões parlamentares.

TROMP:
Tive uma longa conversa com Wouter naquela manhã. E eu acreditei nele.

BABACAN:
(*Sadik Babacan, parlamentar de 2017 a 2018.*) Com nove lugares, éramos um partido pequeno. Ainda assim, nos comportamos como se houvesse quarenta de nós e que tudo estivesse sendo executado pelo *apparatchik* do partido.

AKKERMANS:
Quinze minutos depois, Wouter volta para a sala do partido, assobiando, com uma caixa cheia de doces.

BABACAN:
Que motivo temos para comemorar hoje, pelo amor de Deus, Wouter?

POPPE:
Isso era típico do Wouter, sempre: otimismo ilimitado. Especialmente nos momentos mais terríveis.

WOLFF:
Hoje, arrastamos a distopia para o lixão da história.

POPPE:
Wouter nunca foi um representante clássico do povo.

BABACAN:
Isso mesmo. Na verdade, ele nunca foi aquele "clássico" representante do povo. Com Wouter, tudo sempre girava em torno de Wouter.

Na tela: "A nação — episódio 4 — 'A queda interminável de Wouter Wolff'."

(1a) Dia 10, 9h15

Corredores do Parlamento.

WOLFF:
[*falando com jornalistas*] Claro, Sra. Kuypers, isso foi uma péssima avaliação da minha parte. E ainda tenho de fazer um exame de consciência a respeito disso. Mas já contei à polícia, ao líder do partido e ao presidente do comitê de investigação tudo o que sei sobre o caso Ahmedovic. E expliquei por que me senti obrigado a permanecer em silêncio por tanto tempo sobre meu encontro com o menino. Dei aos investigadores da polícia uma série de fotos que limparam meu nome completamente. E isso pode ajudá-los a localizar o verdadeiro culpado.

TROMP:
Não podia ser uma coincidência. Wouter foi pego pouco antes da controversa extensão do mandato do comitê. ...Não, àquela altura eu não pude deixar de ver uma conexão ali.

WOLFF:
A investigação sobre os duvidosos vínculos entre a Polícia Nacional e a Van der Poot Ltda. continuará hoje, como de costume. Nenhuma acusação falsa, nenhuma manipulação do processo judicial pode impedir essa investigação. A Cidade Segura vai parar. A Cidade Segura vai parar agora!

(1b)

Sala do partido.

AKKERMANS:
Estávamos sentados comendo bolo com um homem que havia sido interrogado por horas no dia anterior. Que havia passado a noite em uma cela da polícia. Que estava sendo esfolado vivo nos fóruns online mais obscenos. Cuja foto, junto com aquele menino, estava em todas as primeiras páginas de jornal.

STIJN:
[*lendo em voz alta para os deputados reunidos*] "Este parlamentar foi colocado atrás das grades. A verdadeira razão para isso vai surpreender você."

POPPE:
A campanha de difamação que começou foi absolutamente aterrorizante. Não apenas Wouter, mas todo o *establishment* político estava sendo atacado.

STIJN:
"Dezessete fatos chocantes sobre pedopolíticos de esquerda que vão deixar você perplexo."

POPPE:
As pesquisas foram horríveis. Aparentemente, o partido ainda não tinha chegado ao fundo do poço.

STIJN:
"A criança era frequentadora assídua do Binnenhof. Quando a mãe descobriu o motivo, começou a chorar."

AKKERMANS:
O que Wouter estava fazendo com aquele garoto, naquele canteiro de obras? Por que ele ficou calado por tanto tempo sobre o que aconteceu lá? Quanto isso atrapalhou a busca pelo menino?

BRATUSEK:
[*na delegacia Heemstraat*] Se soubéssemos naquele momento o que ele só nos disse depois? Sim, ainda estou convencida de que teríamos encontrado Ismaël bem antes.

AKKERMANS:
Ninguém falou sobre isso. Comemos nossos doces e fizemos as mesmas fofocas indecentes enquanto perguntas cruciais estavam passando pela mente de todos. Mas Neeltje proibiu totalmente esse assunto específico.

TROMP:
Sem uma investigação mais cuidadosa, eu nunca ridicularizaria uma pessoa. A informação que Wouter me deu naquela manhã era delicada demais para ser exposta.

AKKERMANS:
Uma pessoa que estava sendo atacada daquela forma ainda poderia agir corretamente? Aonde isso nos levou, em termos de credibilidade, enquanto partido do Parlamento?

TROMP:
Fazer aquilo levou ao que aconteceu depois? Na verdade, eu estava tentando evitar um rompimento no partido.

TROMP:
Temo que não esteja na agenda, Sadik...

BABACAN:
Então eu gostaria de colocar na agenda.

TROMP:
O que estamos fazendo aqui hoje é muito mais importante. Talvez possamos lidar com isso se houver tempo, como último item na ordem do dia.

TROMP:
A prisão de Wouter foi apenas uma questão secundária. Naquele dia, o assunto era a Cidade Segura. A consolidação da Polícia Nacional foi uma catástrofe. E, para nós, aquele projeto de construção megalomaníaco era um símbolo da arrogância neoliberal.

AKKERMANS:
Ninguém estava muito interessado naquela investigação no papel. Todos na Holanda estavam acompanhando a transmissão ao vivo, assistindo àquele trabalho de escavação terrivelmente lento, que àquela altura já durava 48 horas. E desde a prisão, no dia anterior, todos tinham apenas duas coisas em mente: "Há uma criança debaixo da terra" e "Wouter Wolff tem sangue nas mãos".

Na tela: "A nação."

(2) // Dia 10, 9h30

Corredores do Parlamento.

TOORENBURG:
(*Tineke Toorenburg, presidente do comitê de investigação da Polícia Nacional.*) O comitê de investigação foi constituído em 2018. A megafusão de 25 corporações policiais regionais em uma unidade nacional estava naufragando fragorosamente. Durante anos, economias de escala estiveram na moda, fusões eram vistas como uma solução mágica.

TROMP:
Claro, enquanto partido de oposição, o dossiê poderia nos beneficiar muito.

TOORENBURG:
O conselho de trabalhadores da polícia ganhava passeios regados a *prosecco*, só para fazer a megafusão passar despercebida por eles. A política de implantação foi um fiasco total. As delegacias de polícia das províncias foram fechadas.

BRATUSEK:
Meus melhores colegas foram todos transferidos para cargos de administração. Ao contrário do que eles diziam, não havia mais uniformes azuis nas ruas — mas havia muitos uniformes azuis em frente a notebooks de última geração. Não havia quase mais ninguém no Schilderswijk para fazer uma batida!

WOLFF:
[*para jornalistas*] A Cidade Segura é um tumor que está matando a Polícia Nacional. Temos indícios sólidos de que o alto escalão do Departamento de Justiça permitia que Van der Poot os levasse para beber e jantar em lugares caros com muita frequência.

TOORENBURG:
E, claro, "a cooperação com o setor privado" era o fim de tudo. Contratos suculentos estavam sendo assinados em camarotes pa-

trocinados. Os espertalhões resolveriam os problemas contra os quais o governo vinha lutando havia anos.

WOLFF:
Tive de lutar pelo Spui Forum[38] por anos. Mas esse novo desenvolvimento urbano passou pelo procedimento de autorização em nove meses. Jantares *surf & turf,* partidas de golfe meias-bocas, passeio de helicóptero. Sjoerd van der Poot desfez todos os obstáculos. A prefeitura estava vazando mais do que um aposentado com incontinência.

TOORENBURG:
Ele me mostrou uma série de fotos. Não disse quem as havia tirado. A polícia confirmou que elas não haviam sido adulteradas. As fotos não poderiam servir como prova legal, mas foram suficientes para nos convencer das sérias suspeitas contra Wolff.

WOLFF:
Hoje vamos drenar a rede de cumplicidade desses velhacos. O fedor da água do pântano será insuportável. Os ventos que vêm na direção contrária são implacáveis.

(3) // Dia 10, 10h00

CPI.

VAN DER POOT:
Na Cidade Segura, um poste de luz não é mais uma coisa boba, que simplesmente ilumina. Torna-se um iPhone de rua, uma interessante ferramenta pública para sinalização digital e monitoramento da área. Com o melhor em termos de iluminação, energia solar para o seu carro e wi-fi grátis para toda a família.

---

38. Spui Forum: moderno complexo cultural, educacional e de entretenimento no Centro de Haia. Em 2019, foi rebatizado como Amare.

WOLFF:
Então, vamos supor: meu cachorro faz xixi no seu poste, desculpe, no seu iPhone. Isso será monitorado imediatamente pelo seu sensor de aroma e vinculado ao meu perfil de habitante? E o sistema solicitará imediatamente sacos plásticos de cocô do site *bol.com*?[39] Quero dizer, só se Rex sentir vontade de...

VAN DER POOT:
Estamos criando a primeira comunidade quantificada neste país, Sr. Wolff. Um bairro em que tudo e todos são monitorados, 24 horas por dia. Incluindo seu cachorrinho imundo.

WOLFF:
Felizmente, gosto mais de gatos.

VAN DER POOT:
Nossos mecanismos de busca são capazes de reconhecer qualquer padrão potencialmente arriscado em seu smartphone, como pagamentos e dados de viagem. Qualquer coisa que possa prejudicar você ou o bairro. E se Moosey fugir, nós o encontraremos também.

WOLFF:
O câncer de pulmão que estava previsto no meu futuro era algo que o diretor da escola havia sido capaz de perceber 35 anos antes, no pátio da escola. E ele não precisava de nenhum algoritmo para isso, apenas um pouco de envolvimento e empatia.

VAN DER POOT:
Mas poderia o Sr. Hordijk ter previsto o desaparecimento de um menino, há 35 anos? Ele tinha um olho para padrões atípicos que se manifestavam no pátio da escola? Para sequências de movimentos suspeitos de certos indivíduos?

WOLFF:
Como você sabe, frequentei uma escola secundária pública em que o comportamento atípico era incentivado. Não era um internato para meninos, em que tais impulsos são arrancados de você com uma régua.

---

39. *bol.com*: varejista, líder de vendas pela internet na Holanda.

VAN DER POOT:
"O que não me mata me faz mais forte."

TOORENBURG:
Senhores, por favor, concentrem-se no assunto em questão.

VAN DER POOT:
Presidente, talvez possamos fazer uma pausa nesta caça às bruxas. Pois gostaria muito de aproveitar a oportunidade para expressar os meus sinceros pêsames à mãe de Ismaël Ahmedovic.

TOORENBURG:
Contanto que você seja breve.

VAN DER POOT:
Como você sabe, a polícia suspeita que o menino esteja em algum lugar embaixo do meu canteiro de obras. A busca por ele já dura 48 horas, sem sucesso. A Van der Poot Ltda., é claro, está cooperando totalmente...

BRATUSEK:
A busca sofreu um atraso considerável porque o empreiteiro não colaborou.

VAN DER POOT:
Mas essa busca dolorosamente lenta também não ilustra que a forma de rastrear um corpo está muito desatualizada? Os corajosos profissionais de ponta têm ferramentas suficientes à disposição, em termos de cibersegurança e perícia digital? Quando os vejo lá fora com suas picaretas e pás, fico na dúvida.

TOORENBURG:
Você está dizendo que o Departamento de Justiça está *ficando para trás nas questões digitais*?

VAN DER POOT:
Ainda ontem o próprio Sr. Wolff foi vítima dessa incapacidade, Sr. Presidente! No meu bairro, uma gafe como essa nunca poderia acontecer. Com um simples toque de botão, poderíamos ver precisamente o que ele fez nesta semana. Sua inocência — ou culpa, é claro — algum dia,

em breve, estará num pequeno e acessível pacote de dados. Cidade Segura é uma atualização extremamente necessária para uma política de segurança totalmente obsoleta. Não ficamos mais de braços cruzados enquanto esperamos a ação do governo, nós mesmos estamos investindo ativamente no espaço público.

POPPE:

Pessoas que mais tarde se distanciaram dele de forma tão enfática: naquele dia, estavam comendo na sua mão.

VAN DER POOT:

E enquanto ainda estamos discutindo isso, estamos empenhados em consertar trinta anos de políticas de integração fracassadas. Nosso lema: "Na Holanda, faça como os holandeses." Estamos oferecendo a Fátima aulas de ginástica, e Bouchra vai se inscrever no *reality Boer Zoekt Vrouw*.[40] Basta assinar na linha pontilhada, por livre e espontânea vontade, e todos finalmente saberão o que é o quê. É por isso que tenho o orgulho de anunciar que acabamos de concluir um acordo com a Sra. Traoré. Seu projeto único de bar de vinhos logo será reiniciado na Cidade Segura.

AKKERMANS:

Metade das pessoas na sala se esqueceu de respirar. A outra metade apenas ficou sentada lá, com as sobrancelhas ainda mais arqueadas do que antes.

VAN DER POOT:

Agora que o bar de vinhos da Sra. Traoré em Schilderswijk foi fechado, estamos oferecendo a ela a chance de desenvolver uma rede nacional de franquias: Vinhos Aprazíveis de Ismaël.

MARIAM:

(*Mariam Traoré*.) O Sr. Van der Poot ofereceu-me um contrato. Não, eu não senti que estava sendo usada por ele.

---

40. *Boer Zoekt Vrouw*: popular *reality show* holandês, transmitido no horário nobre da TV, em que um fazendeiro holandês analisa possíveis candidatas a casamento. Baseado no formato do programa inglês *Farmer Wants a Wife*.

VAN DER POOT:
Essa mulher é a encarnação viva do ideal da Cidade Segura. Uma ex-muçulmana que deseja ser holandesa. Que agora corre o risco de cair entre a cruz holandesa e a espada étnica. Na minha cidade, ela finalmente conseguirá a total cidadania holandesa. Com todas as oportunidades que vêm junto com isso.

MARIAM:
Não, isso não me fez me sentir mais pobre — é essa a expressão?

WOLFF:
Você oferece a nacionalidade holandesa, mas exige assimilação. Você calça tamancos de madeira em Bassam. Você coloca Zohre em uma bicicleta. E você transforma uma iniciativa de bairro em uma cadeia islâmica de lojas de bebida alcoólica. O que você está tentando neutralizar ao fazer este anúncio? A raiva de uma mãe que perdeu um filho — no *seu* canteiro de obras?

VAN DER POOT:
Estou oferecendo apoio a uma mulher que, até recentemente, era superprotegida por uma elite arrogante, mas a quem eles abandonaram assim que as coisas ficaram difíceis. Como uma batata quente. Com a gente, ela fará parte de tudo. Cem por cento. Não pela metade.

TOORENBURG:
Sr. Van der Poot...

VAN DER POOT:
Você a traiu também, Sr. Wolff...

WOLFF:
E exatamente como eu fiz isso?

TOORENBURG:
Cavalheiros...

VAN DER POOT:
Você a ridicularizou publicamente. Desdenhou das ameaças que ela recebeu.

WOLFF:
Durante aquela transmissão de televisão...

VAN DER POOT:
Você encobriu o fato de que viu o filho dela pouco antes de seu desaparecimento. E agora aí está você com ele, na foto! Você despejou desprezo em cima de uma mãe. Cito: "Que sua alma depravada queime no inferno." Fecha aspas. Desejo a você toda a sorte do mundo para conseguir carregar esse fardo.

(4) // Dia 10, 12h54

Corredores do Parlamento.

POPPE:
Uma personalidade é destruída. Um político brilhante, derrubado. Houve comoção popular, mas todos amaram o espetáculo.

JORNALISTAS:
O senhor poderia responder às acusações da Sra. Traoré?/ O senhor acha que ela quer vingança?/ O que o senhor estava fazendo com o filho dela naquele canteiro de obras?/ O senhor já tinha se encontrado com ele?/ Como o senhor descreveria seu relacionamento com o menino?

WOLFF:
Informei o Departamento de Justiça sobre todos os detalhes, e, a pedido deles, não farei nenhum comentário.

JORNALISTAS:
Um relatório do governo é realmente mais importante do que a vida de uma criança?/ Qual é a conexão entre sua prisão e a posse anterior de pornografia infantil?/ Esta investigação visa a desviar a atenção do que realmente está acontecendo?/ Wouter, você gosta mesmo de meninos?

(5) // Dia 10, 13h20

Sala do partido.

BABACAN:
Porque a discussão ainda é sobre você.

TROMP:
Então, finalmente, vamos falar sobre a investigação.

WOLFF:
Fique feliz que não é sobre você, Sadik. Que não é sua vida privada espalhada na calçada. Não é o seu nome sendo vomitado na rua.

> POPPE:
> O empresário turco Sadik Babacan foi adicionado à lista de candidatos elegíveis em 2017.
>
> STIJN:
> Caiu nas graças do povo por sua origem imigrante, sem nenhuma forma de seleção adequada.

BABACAN:
Você viu as *hashtags*? Os vlogs, tuítes e *snapchats*?

WOLFF:
Pode apostar, os *trolls* querem minha cabeça em uma bandeja.

TROMP:
A cabeça de nós todos.

BABACAN:
E nós estamos sentados aqui comendo torta Sacher!

> POPPE:
> Claro, os líderes do partido deveriam ter reagido de forma mais adequada à crise. Mas a discussão sobre sua liderança se arrastava indefinidamente, e isso os enfraquecia.

WOLFF:
A polícia não viu nenhuma razão para me acusar. Portanto, com todo o respeito, talvez você deva continuar essa conversa com o Departa-

mento de Investigação Criminal. Ou com o presidente do seu partido. Supondo que isso não seja um problema para você. Isto é... Reconhecer a autoridade de uma mulher.

BABACAN:
Por que eu teria problema com isso?

TROMP:
É muito encorajador ouvir isso, Sadik...

BABACAN:
Claro, eu reconheço sua autoridade.

WOLFF:
Mas quando se trata de confiar em um colega homossexual...

TROMP:
Wouter, pelo amor de Deus...

BABACAN:
O fato de eu não participar do barco do Orgulho Gay[41] todos os anos não significa que eu condene suas predileções na cama...

TROMP:
Não vamos começar a falar sobre aquele barco horrível do Orgulho Gay. Que merda, alguém me enforque...

BABACAN:
Julgo meus colegas pela integridade.

AKKERMANS:
Wouter, o que você estava fazendo com aquele garoto no canteiro de obras na semana passada?

WOLFF:
Et tu, Rob?

AKKERMANS:
Por que você ficou calado por tanto tempo?

---

41. Orgulho Gay: evento anual em Amsterdã, no qual organizações e grupos LGBTQIA+ desfilam pelos canais da cidade em barcos.

TROMP:
Eu realmente quero voltar aos pontos anteriores, atuais e futuros da agenda, se você...

WOLFF:
É realmente assim tão simples...?

TROMP:
A fascinante investigação parlamentar.

WOLFF:
Ele promete àquela mulher uma rede de bares de vinho e eu posso queimar no inferno. Eu sou o único que vê como estamos sendo manipulados?

AKKERMANS:
Então você está dizendo que tudo é uma grande conspiração?

WOLFF:
Como isso foi parar nas redes? Como o conselho editorial de todos os jornais conseguiu um arquivo com resolução tão alta? Como essa foto pode ter sido compartilhada online, em massa, dentro de... O quê? Talvez um minuto? Um minuto? Do nada? Sigam o dinheiro, pessoal! Em 2018, a espontaneidade é um truque de marketing online.

TROMP:
É claro que havia forças interessadas em minar essa investigação. Talvez dentro do mais alto escalão do Departamento de Justiça. Essa camarilha de liberais europeus faria receitas desaparecerem mais rápido do que David Copperfield tira coelhos da cartola.

WOLFF:
Sou alvo desta caça às bruxas absurda há anos. Já vi todos os truques. Essa situação está arruinando meu nome e afugentando meus melhores amigos. Mas as mentiras não me impedirão de procurar a verdade. Nenhum amontoado de difamações vai me impedir de lutar pelo tipo de sociedade em que acredito.

TROMP:
Na semana passada, Wouter deu uma carona a Ismaël até o canteiro de obras. A pedido do próprio Ismaël.

WOLFF:
Neeltje...

TROMP:
Cale-se. Wouter me mostrou algumas fotos diferentes esta manhã. Elas mostram que Wouter pode ter sido testemunha de um crime. Uma transação que tem a ver diretamente com os negócios de Sjoerd van der Poot. E com o desaparecimento de Ismaël Ahmedovic. Então, se vocês sentem tanta compaixão pelo menino, de agora em diante, foquem em Van der Poot.

> AKKERMANS:
> O subtexto era: se você não apoiar Wolff agora, isso custará a vida de Ismaël.

TROMP:
Vamos sair por aquela porta em um minuto e vamos todos contar a mesma história: esta. Os coiotes uivam à porta, esperando para nos despedaçar. Qualquer pessoa com um mínimo de espírito social-democrata não permitirá que sejamos arruinados por essa campanha de difamação irracional.

STIJN:
Mas, claro, essas fotos, eu poderia...

TROMP:
Sem vazamentos. Nenhuma reviravolta ou mudança de planos. Nada de brincadeiras nos bastidores. Estamos acima disso, Stijn.

(6) // Dia 10, 14h00

CPI.

WOLFF:
De acordo com a Anistia Internacional, é o seu projeto que enfraquece o Estado de Direito. Suas tecnologias inovadoras vão contra toda a

legislação europeia. Não há garantia de privacidade ou tratamento igualitário. Você, meu senhor, é um comerciante de ilusões.

STIJN:
No segundo interrogatório, Wouter finalmente abriu mão de sua cortesia parlamentar.

WOLFF:
Você não encontrará Ismaël enterrado em meu jardim. Ele pode ser encontrado no terreno que você vigia e onde você está construindo agora. Seus algoritmos mostrarão mais tarde que eu não fui o único em seu canteiro de obras na semana passada? Haverá pacotes de dados em breve para todos os outros que também estavam lá?

POPPE:
O apoio que Wouter recebia do partido parecia lhe dar asas.

WOLFF:
E por que você está obstruindo a busca da polícia? Por que você descarta os bravos homens e mulheres que trabalham duro, ininterruptamente, tachando-os de analfabetos digitais?

POPPE:
Wouter recuperou o fôlego. O cara estava de volta ao jogo!

WOLFF:
E por falar em digitalização: você financia robôs, como o Bellingcat afirmou hoje em seu site? Quero dizer perfis falsos que dão *likes* e compartilham automaticamente os relatórios falsos sobre o desaparecimento de Ismaël? Já não existem pessoas demais que acreditam em todas essas notícias falsas? Por que você está tão decidido a transferir a culpa do desaparecimento dele para mim? Onde. Está. Ismaël. Ahmedovic. Sr. Van der Poot?

AKKERMANS:
E bem no meio da audiência, aquele vlog apareceu.

STIJN:
De repente, os telefones começaram a apitar e vibrar por toda parte. Os bolsos das calças vibraram, as telas se iluminaram. Algumas

pessoas pegaram seus telefones automaticamente, bem no meio do discurso inflamado de Wouter. Debaixo da mesa ou com o canto do olho, eles checaram a mensagem que havia sido enviada, com todos aqueles pontos de exclamação.

AKKERMANS:
Todos os jornalistas e deputados presentes na sala receberam a mensagem exatamente no mesmo momento.

O URSO:
Ei, é o seu pirata de rua favorito de volta. Seja um bom papagaio e grite com o Urso: "Os ricos cada vez ficam mais ricos e os pobres ainda estão pobres, a Holanda é uma puta com a boceta apertada." O que eu faço é uma rede de relacionamentos, uma *network*, então, enquanto todos aqueles ratos de terno, também conhecidos como putos do Parlamento, estavam se conectando com um vinho *rosé* na mão, um hacker estava quebrando a cabeça tentando descobrir como hackear a rede parlamentar.
Então o martelo caiu e a merda foi cortada. E o que veio à tona foi o interminável pedido de Wouter Wolff para dores de cabeça e ódio. Meu amigo fez uma varredura rápida e encontrou alguns documentos importantes naquele palheiro de dados.
Bem no momento em que Wolff achou que não poderia ficar pior, chegou a hora da próxima rodada: QuickTime gayporn enviado para younghotboys, no Qatar, vestindo um fio dental com uma baita ereção. Puta merda, as bombas de testosterona deles são melhores no fim do dia. Mas o que é a idade? A idade é apenas um número. Quando o sangue sobe para a cabeça, não há tempo para moralismos, pessoal. Seu foco era: enfiar o bastão até jorrar o *ayran*.[42] Desde que eles se pareçam com Ismaël, Wouter põe no cu de todos. Só resta a pergunta: isso está sujeito a punição? Ou os lobos deste mundo não podem ser processados? Eu me sinto sujo por compartilhar isso, mas ganho a vida com esta merda. E qual é a porra da sua desculpa para não clicar em todas aquelas fotos? Clique!

---

42. *Ayran*: bebida turca à base de iogurte.

O filme começa: Wolff fazendo uma dança erótica, vestindo um fio dental.

TOORENBURG:
[*batendo o martelo ruidosamente*] Esta audiência está suspensa!

(7) // Dia 10, 16h10

Sala do partido.

WOLFF:
Neel, você acha que eu deveria responder a essa pergunta?

TROMP:
Por enquanto, considero isso um assunto privado, Sadik.

WOLFF:
Presumo que você saiba o que é...

AKKERMANS:
Lubach[43] a definiu como a carta de demissão mais excitante da história parlamentar.

WOLFF:
Um assunto privado...?

TROMP:
Wouter, posso falar com você um minuto?

BABACAN:
Em um computador que pertence ao partido, enviado deste prédio...

TROMP:
Gostaria de falar com Wouter a sós, se me permitir.

---

43. Arjen Henrik Lubach: comediante, escritor e apresentador de televisão que comandava um programa satírico de notícias semanal.

WOLFF:
Talvez, neste ínterim, todos vocês pudessem deixar Sadik a par da separação entre privado e público. Entre a Igreja e o Estado. Dos interesses deste partido e de sua base específica.

BABACAN:
Pode um homem que faz algo assim ainda se considerar um representante do povo?

WOLFF:
Quem são as pessoas que devemos representar, Sadik?

TROMP:
Ouça, esta é apenas outra pista falsa.

BABACAN:
Então, todos nós devemos apenas pensar que aquilo é normal...?

TROMP:
Pode não ser do gosto de todos...

BABACAN:
Então você está dizendo que não devemos ser tão pudicos...?

TROMP:
Admito que foi uma coreografia obscena...

BABACAN:
Devemos simplesmente ter a mente aberta, ser tolerantes?

TROMP:
Só não deixe isso o incomodar tanto, Sadik. Ok?

BABACAN:
Desculpe, devo ter ficado nervoso novamente por conta do meu temperamento turco.

TROMP:
Ah, vai, agora você está misturando tudo...

BABACAN:
Se você quer saber minha opinião, não é um assunto privado...

TROMP:
Não foi um comentário racista, Sadik.

BABACAN:
É uma questão de caráter.

TROMP:
Essa expressão foi dita durante a reunião, sim.

STIJN:
"Uma questão de caráter?" Como se um homossexual não tivesse caráter.

TROMP:
Só quis dizer que o vídeo não é algo passível de punição. E isso é politicamente irrelevante.

TROMP:
Como se uma mulher não tivesse caráter suficiente para ser uma líder.

AKKERMANS:
Aquela coreografia, naquela semana? Foi um ato de *seppuku*, um suicídio político.

BABACAN:
Foi isso que eles entenderam que eu quis dizer? Eu estava me referindo à mentira... Isso que era uma questão de caráter.

WOLFF:
Você talvez tenha problemas em reconhecer que a homossexualidade também existe no mundo árabe?

BABACAN:
Sites como esse me deixam enojado. E acho que as pessoas que os acessam são doentes.

WOLFF:
Então eu estou doente? E você acha que eu poderia ser curado?

BABACAN:
Não é disso que estou falando...

WOLFF:
Ou seria melhor que eu fosse preso?

BABACAN:
Talvez você possa aprender a reprimir seus impulsos.

WOLFF:
Isso não me parece muito social-democrata, Sadik.

BABACAN:
Espero não ter de responder por minhas opiniões particulares.

WOLFF:
Talvez tenha, sim, porque isso se refere diretamente aos nossos princípios básicos. Desculpe, por que você não olha para mim quando estou falando com você? Eu sou impuro? Posso perguntar uma coisa? Você concorda com Harun Yahya, a estrela da TV turca, que afirma que 29% das crianças que crescem com pais homossexuais são abusadas sexualmente por esses pais? Pelo que entendi, você sentiu que os panfletos dele que foram distribuídos em Laak[44] esta semana eram "bastante inocentes".

BABACAN:
Eu não queria dar a ele mais atenção do que merecia.

WOLFF:
Então mentiras como essa podem ser espalhadas hoje em dia com total impunidade?

BABACAN:
Isso também faz parte da liberdade de expressão.

WOLFF:
Então temo que haja algo que você não entendeu completamente, Sadik.

---

44. Laak: bairro de Haia.

BABACAN:
Do que diabos estamos falando...?

TROMP:
Sadik, esta é uma troca aberta de pontos de vista.

BABACAN:
Não é tanto com a homossexualidade que eu estou preocupado. Estou falando sobre o mínimo de decoro que você deve esperar de um parlamentar. Como você pode lutar pela solidariedade europeia e ao mesmo tempo lucrar com os meninos prostitutos do Leste Europeu? Como você pode fazer algo tão nojento — e do computador do trabalho, aliás — em um momento de crise como este? E por que mentir com relação a isso reiteradamente?

POPPE:
Talvez alguém faça algo nojento assim exatamente porque está sob muita pressão.

TROMP:
O que importa são os valores que defendemos, Sadik. E os princípios aos quais nos opomos. Simplesmente abandonamos um colega porque ele é alvo de uma campanha de arremesso de lama que o deixou perplexo? Nós vamos nos deixar surfar na onda populista de miopia e ódio? Ou nós, como democratas, assumimos uma posição firme a favor da liberdade sexual, da homossexualidade? Mesmo que essa orientação específica seja particularmente desagradável para nós?

(8) // Dia 10, 17h00

Corredores do Parlamento.

BABACAN:
[*para jornalistas*] Não aceito mais a ingenuidade da liderança do partido. Quanto mais questiono as atividades do Sr. Wolff, mais fanática a Sra. Tromp se torna em sua afirmação de que considera essas atividades

completamente normais. Ela considera mesmo? Ou ela acha que precisa dar uma lição de tolerância a um muçulmano? Chega de cortinas de fumaça! É por isso que exijo uma explicação imediata do Sr. Wolff.

POPPE:
Foi um golpe. Uma estratégia para enfraquecer a autoridade de Tromp. Mas o partido não podia permitir outra facção de estrangeiros.

POPPE:
[*para jornalistas*] Golpe é uma palavra muito forte, senhora. Estamos no meio de uma discussão acirrada. E me orgulha que este partido ouse fazer isso tão abertamente.

BABACAN:
Não se tratava de um jogo pelo poder. Eu estava reagindo com base em preocupações sinceras da minha base.

POPPE:
É isso que ele diz? Esse foi precisamente o problema. Os interesses de uma base muito específica.

(9) // Dia 10, 17h30

Sala do partido.

WOLFF:
Eu o vi na praça Hobbema. Por volta das 19 horas. Eu estava esperando o sinal abrir e ele atravessou a rua. Eu buzinei para dizer "olá". Foi quando vi que ele estava chorando. Eu encostei. "Ele me bateu e me chutou, minha mão dói muito", dizia ele. Eu olhei para a mão dele, mas não consegui ver nada. "Vou levá-lo para Mama Ida e Papa Alex." Mas ele não queria, quase fugiu. "Então iremos para Mama Mariam." "Não, eu não quero ir para a Bósnia!" Eu não sabia do que ele estava falando, mas eu não poderia simplesmente deixá-lo lá. "Você é o chefe da Holanda. Eu tenho que te mostrar uma coisa importante."

Ele me implorou para levá-lo ao canteiro de obras. Ele estava quase histérico, tive de levá-lo até lá imediatamente. "Ok, mas depois disso eu vou te levar para casa!" Dirigi até o canteiro de obras. Tive de correr atrás dele, ele sabia onde havia um buraco na cerca. Fiquei preso no arame, rasguei minha jaqueta esporte. Ele correu na frente, eu mal consegui acompanhá-lo. Ele correu pela área plana e arenosa. Mas algo chamou minha atenção. Eu parei, estava ofegante. Minha cabeça estava girando. Eu vi dois carros. No começo, não percebi o que estava vendo. Estacionados um ao lado do outro, luzes apagadas, motores funcionando. Eu reconheci um deles. Aquele mesmo carro estava aqui na frente esta manhã.

BRATUSEK:
As fotos mostravam um Audi A8 azul-escuro.

WOLFF:
Uma janela se abriu até a metade. Foto. Um envelope saiu para fora da janela. Foto. A janela do outro carro também se abriu. Foto. Uma mão apareceu. Foto. A mão pegou o envelope.

BRATUSEK:
Posso confirmar que o Sr. Van der Poot dirige um Audi A8 azul-escuro.

WOLFF:
Era como se eu não estivesse lá. Mas eu estava. Nós olhamos um para o outro. Sjoerd e eu. Diretamente nos olhos. Pareceram anos. Todos esses anos. Até meu corpo se virar. Os olhos dele nas minhas costas, o olhar horrorizado impresso na minha retina. Meu coração disparou. "Continue caminhando." Continuei andando, eu estava esperando buzinas, barulho de freios. Ou um para-choque me atingir nas costas. Mas ele me deixou ir embora.

AKKERMANS:
E você deixou o menino para trás?

WOLFF:
Ele sumiu, sem deixar rastros. Eu não podia ficar lá. Eu tinha de ir embora. Pensei: "Ele conhece a área, vai ficar bem."

AKKERMANS:
Ele vai ficar bem? Uma criança de 11 anos...?

WOLFF:
Só na manhã seguinte soube que ele não tinha voltado para casa. Naquele momento... Em retrospecto, parece óbvio, mas naquele momento...

AKKERMANS:
Mas uma vez que você soube... Por que não contou a ninguém...? Você não...?

WOLFF:
Não sei. Eu estava muito assustado. Tive medo do que poderia parecer. Como os olhares de agora. Essa acusação silenciosa. Como se espera que você explique isso? Wouter Wolff, em uma construção, com uma criança, que depois desaparece sem deixar vestígios. Como se de repente todos estivessem certos o tempo todo. Olha aí: "PEDERASTA! Pornopolítico pego em flagrante com criança!" Eu me senti imundo. Só por causa dessa foto. Como se aquela fotografia fosse mais real do que qualquer realidade. Fiquei em silêncio por uma hora e depois disso eu soube: "Não há como explicar o que aconteceu nesta última hora." Uma hora tornou-se uma manhã. Uma manhã tornou-se um dia. Um dia se tornou uma semana, que me deixou louco. Eu me odeio.

POPPE:
Pensando agora, é compreensível. Aquilo que Wouter mais temia aconteceu.

WOLFF:
Sjoerd ficou lá mesmo depois que todo mundo tinha ido embora. É o canteiro de obras dele. Ele conhece o lugar como a palma da própria mão. É isso que ele quer. Ele é brilhante. Ele quer que nós fiquemos sentados aqui, discutindo, como estamos fazendo agora, nos despedaçando. Enquanto isso, esquecemos que foi ele quem ficou lá naquela noite em que Ismaël desapareceu.

STIJN:
Até hoje, ainda não entendo por que ele não esclareceu as coisas imediatamente, por que ele não contou toda a história.

(10) // Dia 10, 18h20

Corredores do Parlamento.

WOLFF:
[*para jornalistas*] À luz das falsas acusações feitas, sou forçado a tornar essas fotos públicas. Olhem para elas com atenção. Esta é a Holanda no ano de 2018. Empreendedores reacionários que não têm vergonha. Um governo que se comporta como um cãozinho de estimação. Não posso antecipar as conclusões do comitê. Mas esta é apenas a ponta do iceberg. Quem estava naquele outro carro? Isso é com a polícia. Mas não eliminamos ninguém em nossa investigação. Definitivamente não excluímos a liderança da Polícia Nacional. Essas pessoas estavam lá naquela noite. No mesmo local. Onde Ismaël Ahmedovic desapareceu.

(11) // Dia 10, 19h00

Sala do partido.

POPPE:
[*acaba de retornar à sala*] Wouter, tínhamos concordado em não divulgar essas fotos e deixar isso com a polícia.

WOLFF:
Então me tire do partido, André. Crucifique-me. Vá rugir junto com a multidão.

POPPE:
Na minha opinião, você precisa se dar um tempo. Para lutar esta luta. Porque os poderes envolvidos não vão apenas se deitar e se fingir de mortos. Podemos emitir um comunicado de imprensa. Colocar você em um *talk show*. Mas esse monstro acabou de acordar. E quer ser alimentado. Você é o destaque deste mês. Uma multidão de homens brancos furiosos está esperando por você lá fora. Eles querem enforcá-lo em um poste de luz, com sua cueca samba-canção enfiada na boca.

É uma luta que você precisa travar sozinho. A única outra opção é fugir. O mais rápido que você puder. Para algum lugar onde ninguém possa encontrar você.

WOLFF:
Não vou embora até que eu veja um relatório grande e gordo naquela mesa, com um adendo de sete centímetros de espessura sobre a porra da Cidade Segura. E sobre os negócios lucrativos que foram feitos. Com dignos burocratas em carros blindados.

POPPE:
Por que você torna tão difícil para mim apoiá-lo? Sinto muito.

WOLFF:
Política é justiça, André. Foi você quem me ensinou isso.

(14) // Dia 10, 19h10

Sala do partido.

TROMP:
[*entra na sala com Sadik Babacan*] Eles analisaram as fotos, Wouter. Suas fotos da transação entre os dois carros. Elas são autênticas. A transação pode ser vista com muita clareza. Van der Poot está totalmente reconhecível. É o carro dele. Só dá para ler metade da placa dianteira do outro carro, aquele com o vidro fumê. Encontrar o dono acabou sendo muito complicado. Os números da metade da placa tinham de ser relacionados com a marca do carro, a cor, os dados pessoais do dono. O processo demorou muito, e era necessária uma ordem judicial. Finalmente, eles conseguiram uma correlação.

TOORENBURG:
Talvez eu não estivesse esperando um ministro de gabinete ou subsecretário, mas no mínimo um funcionário do alto escalão.

TROMP:
O carro está registrado com um nome árabe. Mais tarde foi apurado que pertencia a um proprietário libanês. Os detetives finalmente localizaram um restaurante libanês em Korte Poten.[45] O proprietário não usa o carro há anos. Ele ficava parado. Mas o sobrinho usa o veículo sempre. "Que tipo de trabalho seu sobrinho faz?", perguntou a polícia ao homem. "Ele é um vlogueiro", disse ele. "O Urso de Haia, todo mundo sabe quem é!"

WOLFF:
O segundo carro pertencia ao Urso...?

TROMP:
Sim, Wouter.

> TROMP:
> Que escolha eu tive? Perder Sadik... Isso teria sido um desastre completo para nosso apoio eleitoral entre os novos holandeses. Perder Wouter... Isso poderia até nos ajudar um pouco.

WOLFF:
Mas isso prova tudo. A coisa toda foi uma armação. Tudo foi uma encenação. Uma peça em que todos nós estamos atuando! Isso é tudo coisa do Sjoerd...

TROMP:
Wouter...

WOLFF:
Não brinque com ele, Neeltje. É tudo falso. É uma fraude!

TROMP:
Não era um alto funcionário, Wouter. Também não era um funcionário menor. Nenhum pacote de dinheiro para comprar um vazamento. Só uma gorjeta. Para um palhaço. A título de agradecimento por um cabaré medíocre.

---

45. Korte Poten: rua em Haia com lojas e restaurantes, perto das Casas do Parlamento.

WOLFF:
Vocês não estão entendendo nada. Esse vlogueiro tem mais influência do que todos vocês juntos. Mais do que todo o Parlamento. Do que os milhões de um magnata. O Urso tem centenas de milhares de seguidores. Os dados pessoais de milhões de pessoas. As opções de publicidade do Google, do Facebook. Juntem tudo isso e vocês terão um arsenal de mísseis de cruzeiro políticos. Um cabaré medíocre? Vocês estão completamente fora da realidade atual. Bem-vindos ao Século do Grande Caos!

TROMP:
Toorenburg suspendeu a investigação da Cidade Segura.

POPPE:
Wouter fazia parte de uma rede de pornografia infantil? Claro que não. Isso importa? Na verdade, as imagens se tornaram realidade. A verdade não importava mais.

WOLFF:
Vocês não são nada sem mim. Este partido está indo por água abaixo.

POPPE:
Ainda temos Sadik.

WOLFF:
Sadik, que vê o genocídio armênio como uma nota de rodapé na gloriosa história da Turquia. Que não pôde deixar de sorrir quando Erdogan disse que a Holanda era um vestígio nazista? Que secretamente gosta da Cidade Segura, aquele gueto reacionário onde ele vai aprender a dançar de tamancos?

BABACAN:
Você está certo, isso me parece perfeito.

WOLFF:
Você entende? Aquele cara é um completo idiota.

BABACAN:
Na verdade, eu anseio por uma Holanda em que a transparência reine finalmente. Um país em que as pessoas não agem como se a própria

opinião tivesse importância, mas, enquanto isso, escondem todas as divergências em um lugar bem distante. Em que ninguém prometa que você fará parte do grupo, mas todo mundo evita você nos corredores. Em que as pessoas estejam realmente interessadas no indivíduo por trás do rótulo, e nem sempre achem que estão olhando para o mesmo muçulmano homofóbico, misógino e obstinado. Uma Holanda que mostra de forma honesta o que sempre foi: uma nação com fome de poder. Sim, anseio por uma Holanda firme como aço. Isso exige a minha máxima colaboração. E a única recompensa é: eu nunca mais vou me foder de novo.

WOLFF:
Você percebeu que o processo de recrutamento deu errado? "Precisamos de um turco na lista." Todos nós sabemos como as coisas foram feitas, André. Não tente enfiar uma faca nas minhas costas. Se você me ferrar, você vai se enforcar também.

POPPE:
A única pessoa neste partido parlamentar que não foi analisada com cuidado suficiente foi você. Investigamos todos da cabeça aos pés, só que não parecia necessário investigar você. Afinal, você foi a Grande Esperança deste partido. Presumo que você renunciará esta noite.

A delegação parlamentar sai da sala.

(15) // Dia 10, 19h30

Televisão na sala de reuniões do partido.

BABACAN:
Wolff foi um político brilhante? Um típico social-democrata que via a realidade da maneira que queria. A liderança do partido lidou com isso corretamente? Eles falharam. O partido teve de se culpar pelo golpe eleitoral que sofreu em 2021? Como sempre, sim. É realmente de estranhar que eu tenha mudado de partido depois de todo aquele caso?

Wolff liga a TV.

VAN DER POOT:
Estou muito satisfeito em saber que a polícia espera libertar o menino de seu suplício a qualquer momento. E que eles não estão descartando a possibilidade de encontrá-lo ileso. O que a equipe de escavação acabou de encontrar é completamente desconcertante. Obviamente, tentaremos responder a todas as perguntas sobre isso. A prioridade, porém, é resgatar Isaac o mais rápido possível.

Wouter se senta, com os ouvidos atentos. Presta atenção na repórter por um tempo. Passa por outros canais. Alguns canais adiante, ele encontra as mesmas imagens.

VAN DER POOT:
... a equipe de escavação acabou de encontrar é completamente desconcertante. Obviamente, tentaremos responder a todas as perguntas sobre isso. A prioridade, porém, é resgatar Isaac o mais rápido possível. E, com sorte, levá-lo para casa com segurança esta noite.

WOLFF:
Isaac. ELE O CHAMOU DE ISAAC! O filho sacrificial.

Na tela: "Continua..." Créditos de A nação.

A NAÇÃO

EPISÓDIO 5: Você o chamou de Isaac

Prólogo // Dia 10, 20h05

O URSO:
A selva urbana está molhada, de Westduinpark a Drievliet. A busca continua nas depressões úmidas: por uma bicicleta, uma mochila, por um milagre ou uma pista. Oh Haia, o que você daria para ver seus pecados serem perdoados ou lavados pela chuva. Se o grito da cova nº 7 realmente tivesse sido sua libertação? E se não tivesse sido apenas uma inferência, os gritos das equipes de resgate encharcadas, quase mortas de exaustão depois de todos aqueles dias, teriam cessado. Dizem por aí: quem procura acha. Mas, no fim das contas, eles toparam apenas com um túnel. Um longo corredor, sustentado por placas de aço, escavado na fundação da porra do canteiro de obras recentemente abandonado. Uma unidade especial está aqui para fazer o trabalho, tendo a experiência como arma, indo em direção ao túnel, com a respiração presa, cães e lanternas. Com esperança de que tudo está bem quando acaba bem. Há luz no fim do túnel, mas isso é mentira, porque no fim deste túnel só há escuridão. Penas pretas no chão, Gabriel acaba de voar rapidamente para o céu.

O "resgate" de Ismaël. Uma cena em câmera lenta, como uma "estátua viva". Ismaël é tirado da vala da construção, carregado por equipes de resgate. Ele é iluminado por luzes de arco voltaico ofuscantes. A esperança e a histeria das mães. Van Ommeren e Bratusek tentam mantê-las longe da criança. Então fica claro: ele está morto. Mariam desmaia. Ida tenta confortá-la. Alexander abraça sua esposa. Damir fica sozinho.

Na tela: "A nação — episódio 5 — 'Você o chamou de Isaac'."

(1) // Dia 13, 21h47

Wolff está na casa de Van der Poot. A sala está sendo monitorada por uma câmera de segurança. "Pavane", de Fauré, tocando ao fundo. Van der Poot entra, ele está perplexo.

WOLFF:
Achei que a chuva nunca fosse parar. Como se Deus estivesse tendo outra conversa séria conosco. E coloquei uma música, você se importa? Você tem uma coleção impressionante. Você tinha tanto ciúme dos meus álbuns de jazz japoneses. Mas, aparentemente, esse calvinista de fato aprendeu algo com as aulas de música que dei a ele tempos atrás.

VAN DER POOT:
Os CDs ainda são os de Annemieke.

WOLFF:
Isto explica aquela coletânea horrível do Fauré. A propósito, tenho uma correção a fazer. Eu costumava dizer: "Bach torna você mais inteligente." Não é verdade. Hoje eu consigo cantarolar "Goldberg" na versão de Glenn Gould, mas isso não significa que posso resolver um único *sudoku* mais rápido. E você ainda ouve CDs. Eu imaginava que você...

VAN DER POOT:
Podemos ligar a JBL se você quiser...

WOLFF:
Não tente entrar no jogo, Sjoerd.

VAN DER POOT:
Por que não?

WOLFF:
Porque você ainda não conhece este jogo. Tirei os sapatos. Meus pés estavam tão quentes. Como nos velhos tempos: só de meia no sótão do meu bom amigo Sjoerd.

VAN DER POOT:
O que você está fazendo aqui, Wouter?

WOLFF:
Eu passei para tomar um drinque. Espero que você não se importe por eu já ter me servido.

VAN DER POOT:
Você andou bebendo.

WOLFF:
Eu estou aqui há muito tempo. "Onde você estava, querido, por que você está tão atrasado?" Eu pensei: "Vou esperar por ele, com sua sopa de cogumelos favorita." Mas como você demorou... Esqueci quantos drinques eu bebi. Eu vou repor, prometo. Seria uma pena deixar isso passar em branco.

VAN DER POOT:
A que estamos bebendo?

WOLFF:
Ao fato de que alguém finalmente foi morto. Ismaël está morto, Sjoerd.

VAN DER POOT:
Eu sei disso.

WOLFF:
Ou devo dizer Isaac?

VAN DER POOT:
Isaac?

WOLFF:
Você o chamou de Isaac.

VAN DER POOT:
Eu cometi um erro.

WOLFF:
Um lapso freudiano.

VAN DER POOT:
Eu não acredito nisso.

WOLFF:
Você ainda ora?

VAN DER POOT:
Todas as noites.

WOLFF:
Você orou por Ismaël? Ele era um bom garoto. Eu o conhecia desde bem pequeno. Uma vez o carreguei nas costas pelo Parque Madurodam.[46] Ele não tinha nenhum interesse naquelas minicasas, só queria brincar de cavalo com o tio Wouter. O garoto em cima dos meus ombros, mãozinhas suadas na minha testa, pés chutando minhas costas. "Vamos lá, cavalinho!" Maravilhoso sentir um corpinho assim contra o seu. Eu teria sido um ótimo pai. Você e Annemieke têm dois...?

VAN DER POOT:
Três filhos.

WOLFF:
Você não os vê mais com frequência, desde o divórcio.

VAN DER POOT:
A cada dois fins de semana.

WOLFF:
Não consigo imaginar você com filhos.

VAN DER POOT:
Ainda assim, tenho filhos.

WOLFF:
E ainda assim você pode deixar uma criança morrer.

VAN DER POOT:
[*levanta-se*] Ok...

---

46. Madurodam: parque temático de miniaturas em Haia.

WOLFF:
Sente-se! Eu vou lhe dar apenas um aviso. [*Van der Poot se senta novamente*] Isaac. O menino que teve de morrer porque Deus simplesmente quis assim. Ou quase morreria, porque talvez você estivesse esperando que ele fosse salvo a tempo. Como com Abraão. Seu ato falho denunciou você, Sjoerd. Somente um bom amigo de muito tempo se lembraria das histórias de terror que você contava sobre sua criação calvinista. Você queria provar a Deus: "Eu posso fazer isso? Eu não tenho medo de pegar pesado? A vida de uma criança como preço para um futuro glorioso? Pela salvação da cidade?"

VAN DER POOT:
Impressionante.

WOLFF:
Tem toda a razão em se elogiar.

VAN DER POOT:
Na verdade, eu estava elogiando você.

WOLFF:
Fiquei pensando: "O que esse menino quer me mostrar naquele canteiro de obras?" Ontem foi a primeira vez que ouvi falar do labirinto onde eles brincavam. Eu fiquei chocado. Um sistema improvisado de túneis, com ciclovias, lugares secretos para fazer fogueiras, para roubar um primeiro beijo. Feito por crianças da vizinhança. "Você é o chefe da Holanda." O que ele estava esperando? Ele achava que eu seria capaz de impedir você de construir sua cidade? Que eu poderia salvar o paraíso de seus filhos? Claro, eu estava disposto a dar uma olhada...

VAN DER POOT:
Mas então nos vimos.

WOLFF:
Sim.

VAN DER POOT:
E ficamos ali, cara a cara.

WOLFF:
Como em uma bandeja. Foi por isso que Ismaël me levou até lá? Para que você pudesse tirar essa foto? Parlamentar Wouter Wolff, em um canteiro de obras à noite com uma criança. Você sabia que isso seria devastador. Essa era a maneira de acabar com qualquer investigação. Permitiria a você desorganizar toda a oposição. Quanto você prometeu a ele? Dez euros? Seu celular antigo?

VAN DER POOT:
Talvez tenha sido isso que me atraiu em você na faculdade. A primeira vez que vi você foi na lanchonete da rua De Boelelaan.[47] Havia um grupo inteiro sentado ao seu redor, babando a cada palavra sua. De vez em quando, havia uma onda de risos, um "oh", um "ah", mas na maioria das vezes, eles apenas o ouviam atentamente. Depois perguntei a um cara do que se tratava. "Ah, uma história de merda, mas a maneira como ele contou foi fantástica."

WOLFF:
Eu vi você, acredite em mim, sentado àquela mesa. Lendo seu Max Weber. Mas com os ouvidos atentos. Quando me aproximei, você não sabia o que dizer. Então você me ofereceu um sanduíche de queijo.

VAN DER POOT:
O maior erro que já cometi.

WOLFF:
Seu pequeno plano deu errado? Ele deveria apenas desaparecer da face da Terra por um tempo? A polícia foi muito lenta? Você não contou com chuvas em maio? Ou seria morto finalmente, não de imediato, mas em algum momento do futuro, um momento mais conveniente para você? Você sabia que Ismaël estava naqueles túneis.

VAN DER POOT:
Eu não sabia de túnel algum.

WOLFF:
Você viu para onde ele correu.

---

47. De Boelelaan: rua de Amsterdã onde está localizado o *campus* da Vrije Universiteit (Universidade Livre de Amsterdã).

VAN DER POOT:
Eu pensei: "Ele vai ficar bem."

WOLFF:
Você conhece seu canteiro de obras.

VAN DER POOT:
Eu sou o dono, o empreiteiro é que sabe dessas coisas.

WOLFF:
E então, no dia seguinte, você despejou concreto naquele mesmo local.

VAN DER POOT:
Ele entrou lá por conta e risco próprios.

WOLFF:
Uma criança de 11 anos?

VAN DER POOT:
As crianças nunca deveriam ter começado a brincar lá.

WOLFF:
Como você pode despejar concreto em um local sem primeiro verificar?

VAN DER POOT:
Foi um lançamento simbólico. A obra ia começar em outro lugar.

WOLFF:
Um lançamento simbólico. Mas o suficiente para isolar Ismaël do mundo exterior para sempre. O suficiente para deixar uma criança sufocar no subsolo. O que você acha que ele bebeu nas últimas horas? A própria urina? O que ele comeu? A areia em que ele fez aqueles desenhos? Ele passou por um pesadelo, Sjoerd. Um pesadelo! Você acha que Deus não vai punir você por isso? Você assassinou Ismaël, Sjoerd.

VAN DER POOT:
Você reconhece essa pintura? Há uma igual no MoMA. Mas aquela tem uma faixa verde. Eu escolhi o vermelho. Uma paisagem profunda e escura. Mas muito vagamente, ao longe, um pouco de luz. A faixa vermelha me lembra que sem sangue você nunca pode alcançar a luz.

WOLFF:
Essa é uma interpretação terrivelmente banal de Rothko.

VAN DER POOT:
Essa é uma maneira terrivelmente banal de comer *escargots*. Essa é uma roupa completamente inadequada para o *vernissage*. Essa é uma música tão vulgar. Você não consegue resistir a fazer isso, Wouter. Gosto de Fauré!

WOLFF:
Mas não aquela gravação horrível da "Pavane"! Tentei ensinar a você a diferença entre comoção estética e sentimentalismo...

VAN DER POOT:
Não importava quantos discos de jazz eu comprasse, as panelinhas sempre permaneciam fechadas. Não importava quantos livros de Foucault eu lesse, não importava quantas vezes eu me sentava em um teatro quase vazio. Sempre aquele sorrisinho quando eu aparecia com um disco de Keith Jarrett: "Esse é realmente um de seus piores shows." A expressão no rosto dos seus amigos quando fiquei entusiasmado com W.F. Hermans. Mesmo quando me formei *cum laude*, você não deu valor, associou à mentalidade de escravo da classe média. Enquanto isso, elogia suas falhas, considera autonomia intelectual.

WOLFF:
Você sempre foi um bebê chorão protestante de Elspeet, e ainda é.

VAN DER POOT:
Seu tempo acabou, Wouter. O seu e o de todo aquele seu grupinho intelectual. Vocês se reduziram a acessórios supérfluos e à venda. Hoje em dia decidimos por nós mesmos como interpretar essa merda de pintura. Você não percebeu, mas o quadro está pendurado de cabeça para baixo. Porque gosto mais desse jeito. Porque eu quero ver a luz no céu e o inferno lá embaixo. Eu não conhecia aquele garoto. Foi o Destino que fez com que nos encontrássemos naquela noite. Um presente do Todo-Poderoso para mim.

WOLFF:
Você trapaceou, Sjoerd. Você comprou funcionários para chegar a essa luz. Usou uma campanha difamatória para jogar um comitê de investigação estadual no lixo. Você usou uma criança para me destruir.

VAN DER POOT:
Isso é típico da esquerda! Vocês sempre reclamam das teorias da conspiração da direita, mas se a coisa inverte, é tudo um grande caso de fraude. "Cidade Segura possibilitada por propinas!" E isso impede que você veja o verdadeiro poder nisso tudo. "O referendo foi vencido com tuítes falsos!" E assim você não precisa prestar atenção à raiva dos eleitores. "Você matou uma criança para me derrubar!" Você sabe o que o derrubou? O fato de que eles todos odeiam você. Por causa dessa sua cara de autossuficiente. Suas promessas não cumpridas. Sua falta de imaginação.

WOLFF:
E o que você tem a oferecer a eles? Uma aldeia extravagante, tecnológica e etnicamente limpa? Suas promessas serão cumpridas? Você também vai tropeçar e cair.

VAN DER POOT:
Tudo já foi feito antes, então o menino que nasceu em berço de ouro progressista levanta as mãos e desiste. Quando é que você realmente estende a mão para ajudar? Não a mão macia que reduz o Outro ao papel de vítima, mas o punho que enfia um foguete na bunda deles.

WOLFF:
Até onde você é capaz de ir para tornar seu sonho realidade?

VAN DER POOT:
Até onde for preciso.

WOLFF:
Então tudo é permitido?

VAN DER POOT:
Você está preparado para pagar o preço? Sangue, Wouter. Se você deseja criar algo significativo, deve fazer tudo o que estiver ao seu al-

cance. Napoleão não tinha tempo para uma criança perdida. Churchill ficava muito satisfeito em ocasionalmente sacrificar um membro do Parlamento. Se você quer fazer uma omelete, precisa quebrar alguns ovos. O progresso custa caro. Eu abro mão de tudo. De tudo que me é mais caro. Meu conforto. Minha segurança. Minha vida. O progresso me custou minhas amizades, minha família... A potência tem de se fazer carne. Venha o Vosso Reino.

WOLFF:
Talvez seja isso que Ismaël queria me mostrar. Você acha que está construindo a cidade do futuro, mas a Nova Holanda já estava bem ali, naquele mesmo lugar, há muito tempo. Seu sonho destrói a realidade que já existia. Inúmeras crianças brincaram juntas ali. Ismaël brigou com Jan-Peters. Crianças marroquinas brigavam com os meninos do hóquei. Não, não é um Valhala utópico, apenas a bagunça geral do dia a dia. Você não pode criar isso numa prancheta, Sjoerd. Qual deus poderia inventar algo assim? A sociedade não nos pertence. Pertence a meninos e meninas que fazem tudo com as próprias mãos.

VAN DER POOT:
Trinta anos atrás, se eu previsse que você terminaria tão desprovido de visão, você teria enviado seus amigos do RARA[48] atrás de mim.

WOLFF:
Talvez hoje em dia eu finalmente ouse pular sem paraquedas.

VAN DER POOT:
Seja qual for o caso, você vai cair no chão e morrer.

WOLFF:
Eles me expulsaram da delegação parlamentar ontem. Meu namorado fez as malas e foi embora ontem à noite. Esta manhã, a Frente Antipederastia atirou tijolos nas janelas da minha casa. No bonde, mulheres cuspiram em mim e afastaram seus filhos para longe. Meus melhores amigos não querem mais falar comigo. Eu já bati no chão com força, Sjoerd.

---

48. RARA: grupo de esquerda radical da Holanda da década de 1980, que ocasionalmente empregava táticas terroristas.

VAN DER POOT:
Fascinante que isso seja possível, causar danos irreparáveis a alguém. Você tem razão. Eu matei Ismaël. Mas todo mundo ainda acusa você. Os rastros na internet não podem mais ser apagados. É o seu nome, não o meu, que está eternamente ligado à pornografia infantil e a uma criança morta. E com esse ato de desespero, você tornará seu verbete da *Wikipédia* muito melhor. Logo você vai quebrar aquele vaso na minha cabeça, e então nenhuma realidade enfadonha será capaz de competir com uma história tão trágica.

WOLFF:
Você se perdeu comigo.

VAN DER POOT:
Perdi tempo com você, é o que você quer dizer.

WOLFF:
Você ficou impressionado demais comigo naquela época.

VAN DER POOT:
Com você? Sério?

WOLFF:
Você mesmo disse isso quando pôs fim à nossa amizade. Você ficou indignado, profundamente chocado. Seu melhor amigo era bicha. Sabe, eu aprendi algo com você também. Naquela época, eu não sabia nada sobre tecnologia. Sem a sua ajuda, eu não conseguia nem tirar do aparelho uma fita VHS presa. Você pedalou até a minha casa no meio da noite para retirar uma fita do Tarkovski do meu videocassete.

VAN DER POOT:
Tarkovski... Uma besteira superestimada.

WOLFF:
Ainda assim, você ficou e assistiu ao filme comigo até o sol nascer. Mas hoje em dia não tenho tanto medo de tecnologia. Espero que você não se importe por estarmos transmitindo tudo isso ao vivo agora.

VAN DER POOT:
O que...?

WOLFF:
O mundo inteiro está assistindo ao nosso jogo final, Sjoerd. *Live* do Facebook.

VAN DER POOT:
Eu não... O que eu disse?

WOLFF:
Que você matou Ismaël. Você se lembra, não é? Você pode ver de novo na internet, se quiser.

VAN DER POOT:
Que porra...?

WOLFF:
Esta é a sociedade que você quer. Na Cidade Segura, não escondemos segredos uns dos outros.

VAN DER POOT:
Foi só uma maneira de falar...

WOLFF:
Sinto dizer que um bisbilhoteiro comum não tem tempo para tais nuances...

VAN DER POOT:
O quê? Isto é ridículo. O que você quer de mim?!

WOLFF:
[*levanta-se*] Eu consegui o que queria: uma confissão.

VAN DER POOT:
O que você está fazendo? Aonde você está indo...?

WOLFF:
Foi bom falar com você de novo, Sjoerd.

VAN DER POOT:
Isso não é justo, Wouter! Deixe-me explicar. Ouça-me por um minuto.

WOLFF:
Ouvir você? Por que eu deveria fazer isso?

VAN DER POOT:
Porque eu vi o que aconteceu. Você ficou emocionado em me ver naquele canteiro de obras. Você não estava nem um pouco interessado no que a criança queria tanto mostrar a você. Foi assim que aconteceu: Ismaël não saiu correndo pela areia, ele esperou por você, por alguns minutos, com um olhar questionador: "Aonde ele vai? O que ele está fazendo?" Mas a única coisa para a qual você tinha olhos era uma suposta "transação corrupta". Você se virou, fugiu do olhar que eu lhe dei. Ismaël o seguiu, puxando sua manga. Você o afastou. Quando você estava quase indo embora, pensou melhor. Virou-se e mandou Ismaël de volta. Mas ele não entendeu, não se atreveu. Ele estava assustado. "Tire uma foto daqueles carros." Você ficou com raiva dele, empurrou o menino. Ele caiu de costas e começou a chorar. Você não tentou confortá-lo, apenas repetiu a ordem. Então você o deixou sozinho lá. Ele voltou cambaleando, tirou as fotos e postou na internet. Eu pisquei os faróis do carro, o garoto saiu correndo e se escondeu no túnel, onde ficou a noite toda.

WOLFF:
Porque ele estava com medo de você.

VAN DER POOT:
Você o levou até lá, Wouter. Você não levou um garoto de 11 anos de volta para casa. Não, você o levou para o canteiro de obras do projeto que você tanto odiava. Lá, você o perdeu de vista. Porque você não estava mais interessado nele, você estava obcecado por mim.

WOLFF:
Mas por que ele ficou no túnel a noite toda?

VAN DER POOT:
Para que você não conseguisse encontrá-lo.

WOLFF:
Ele gostava de mim. Eu dei a ele uma bicicleta.

VAN DER POOT:
Você gritou com ele, sacudiu o menino.

WOLFF:
Tirar uma foto, era tudo o que eu precisava que ele fizesse. Qual era a dificuldade de enquadrar as duas placas em uma foto?

VAN DER POOT:
Uma criança daquela idade não entende esse tipo de coisa. Ele estava com medo de ser punido.

WOLFF:
Eu era o tio Wouter.

VAN DER POOT:
Que agora está agindo de forma tão estranha! Você se imagina cercado por um mundo de corrupção, mas é você mesmo quem está trapaceando. Você pensa que é uma pessoa iluminada, mas o ressentimento é o que o move.

WOLFF:
Eu odeio você.

VAN DER POOT:
Ainda assim, você nunca se livrará de mim completamente.

WOLFF:
Sjoerd.

Wouter saca uma pistola e atira em Sjoerd van der Poot.

Luzes se apagam.

Na tela: "Continua..." Créditos de A nação.

A NAÇÃO

EPISÓDIO 6: Só Deus sabe

Prólogo // Dia 14, 14h00

Uma brigada antiterrorista aponta suas armas para Damir, a distância. Damir está com uma mochila nas costas e carrega uma sacola plástica da drogaria Etos.

DAMIR:
Este é o maior dos mal-entendidos, que vidas humanas têm alguma importância. Uma vida a mais ou a menos, que diferença faz? Quando olhamos para os acontecimentos através dos séculos, percebemos que nós travamos uma batalha milenar. E temos tanta paciência. Você não sempre quis experimentar isso? A grandeza da fé? Sabemos muito bem que não existe Deus reinando sobre um belo paraíso. Não estamos procurando pelo pai de que sentimos falta. Nós não seguimos Alá. Nossa fé é a Mãe, que está conosco há muito tempo. A Mãe da Congregação. Nossa fé é a sensação de segurança dentro do nosso grupo de bilhões. Como a casa dos seus pais, para a qual você sempre volta. Seus pais, que sempre o abraçam, depois de todas as suas peregrinações. Você já sentiu esse calor?

Na tela: "A nação — episódio 6 — 'Só Deus sabe'."

(1) // Dia 14, 15h20

Sala de uma casa funerária. Cada vez que a luz se acende, a situação muda. As dez cadeiras são ocupadas por várias pessoas que estão presentes no velório.

Escuridão.

IDA:
Ainda bem que ele nunca teve medo do escuro. Uma vez, dei a ele uma daquelas lâmpadas noturnas. Mas todas as manhãs eu a encontrava ao lado de sua cama, desligada. Todas as noites, eu tornava a ligar. Talvez eu estivesse com mais medo do que ele, de vê-lo deitado ali no escuro. "Você tem uma relação muito esquisita com o escuro e com a luz", ele me disse certa vez, levantando o dedo indicador e parecendo sério, daquele jeito que vocês conhecem.

MARIAM:
Por que ele ficou lá naquela noite, naquele túnel escuro, naquele breu?

IDA:
Não sei, mas sei que ele não tinha medo do escuro.

Escuridão.

MARIAM:
Tem notícias do Damir?

ALEXANDER:
A polícia disse que ligaria assim que tivessem mais informações.

MARIAM:
Está com fome?

ALEXANDER:
Eu comeria alguma coisa.

MARIAM:
Serviram sanduíches na sala do bufê.

ALEXANDER:
Sala do bufê? Eu pensei que o bufê fosse aqui.

MARIAM:
Deveria ter sanduíches durante a tarde...

IDA:
Mas se esta é a sala do bufê...

MARIAM:
E aquela senhora disse para comermos à vontade.

IDA:
Então onde estão os sanduíches?

MARIAM:
Provavelmente ela jogou fora.

IDA:
Por que ela faria isso?

MARIAM:
Talvez ela tenha ficado chocada com a minha reação.

IDA:
Como você reagiu?

MARIAM:
Fiquei muito indignada com eles tentando nos oferecer aqueles sanduíches pegajosos de graça. Porque, se não pegássemos, eles simplesmente jogariam tudo fora. O que ela pensa, afinal: que não podemos pagar por nossos sanduíches?

ALEXANDER:
Mas agora eu...

MARIAM:
Sim, agora você está com fome.

IDA:
Talvez pudéssemos pedir à moça do bufê que trouxesse alguns sanduíches.

MARIAM:
Você está louca?! Aquela mulher estava absolutamente certa, eu gosto de comer de graça. Pedir à moça do bufê! Que ideia!

Escuridão.

MARIAM:
Você sempre o defende.

IDA:
Tento compreendê-lo.

MARIAM:
Compreender, compreender, compreender...

IDA:
Eu não vou discutir com você hoje. Depois de amanhã, ok.

MARIAM:
Eu não sei o que me dá.

IDA:
O que dá em você é bem claro.

Escuridão.
Bratusek e Van Ommeren estão sentados. Alexander chora.

MARIAM:
Você acha que isso faz parte? Essa sensação constante de que você falhou. A sensação de que, acima de tudo, você conseguiu estragar tudo. E que, se você tiver sorte, uma ou duas coisas podem dar certo. Uma ou duas em cem. Estou tão feliz por ter feito Ismaël decorar os nomes de todas as capitais da província. Foi um projeto completo, com mapas da Holanda e tachinhas coloridas. Foi um sucesso. Mas ele está morto na sala ao lado.

Escuridão.
Hester Keursma entra para assinar o livro de condolências.

MARIAM:
Eu nem parei para pensar na música que devem tocar amanhã. Eu nem sei o que vestir. As únicas roupas que tenho são coloridas. Talvez eu possa pegar algo seu emprestado. Você tem tantas roupas pretas. Aposto que você tem algum casaco sóbrio que caberia em mim. Ou um daqueles chapéus com *voile*.

IDA:
Sim, de fato, eu tenho uma montanha de roupas de velório.

ALEXANDER:
Acho que preciso ir.

MARIAM:
Não, fique aqui! Vocês dois. Eu não vou ficar aqui sozinha com ele.

Escuridão.

MARIAM:
Sabe aquilo que você sente quando acaba de se apaixonar por alguém, quando está perdidamente apaixonada? Sabe quando, depois de um tempo, você começa a pensar que a outra pessoa vai terminar com você, que você vai perdê-la? Essa sensação multiplicada por mil. É assim que se sente quando o próprio filho...

IDA:
Eu nunca me apaixonei.

MARIAM:
O quê? Claro que já se apaixonou.

IDA:
Eu nunca senti isso.

MARIAM:
Mas você tem Alexander...

IDA:
Sim. E eu também o amo.

MARIAM:
Então...

IDA:
Mas eu nunca me apaixonei. Nunca fiquei perdidamente apaixonada. Nunca me apaixonei a ponto de sentir uma dor imensa ao perder a pessoa, como agora. Todas as perdas pareciam suportáveis. Até agora, sempre fui capaz de aceitar qualquer perda. É assim que funciona. É a vida.

MARIAM:
Perdê-lo não faz parte da vida.

IDA:
Mas agora sei como é esse sentimento. Por causa de Ismaël.

Escuridão.

Stijn está sentado, curvado, em uma das cadeiras vermelhas.

MARIAM:
Eu berrei isso para eles uma vez, sabia? Se eu não tivesse filhos, a esta altura já teria uma carreira. "Se vocês dois não estivessem por perto, teria sido muito mais fácil." Eu teria feito viagens fantásticas. Viveria a vida ao máximo. Eu berrei isso para os meninos uma vez, bem na cara deles. E você sabe qual foi a pior parte: eles não pareceram ficar com raiva. "Se não estivéssemos por perto, você já seria mundialmente famosa." Você já encontrou os sanduíches?

ALEXANDER:
Não, não havia ninguém na cozinha.

IDA:
Eu ainda tenho um *waffle*.

ALEXANDER:
Há quanto tempo isso está na sua bolsa?

IDA:
Desde o dia daquele programa de TV horroroso. Eu estava com tanto medo de ficar com fome e gaguejar ao falar. Ainda bem que eles tinham amendoins.

Os três caem na risada.
Escuridão.
Todos os personagens estão na sala.
Escuridão.

(2) // Dia 14, 17h40

MARIAM:
O que você está fazendo aqui?

ADEM:
Meu filho me trouxe aqui.

Escuridão.

ADEM:
É isso que você acha que "chefe da família" significa?

DAMIR:
Não. Desculpe, pai.

ADEM:
Olhe para mim quando estou falando com você.

DAMIR:
Sim, pai. Desculpe.

ADEM:
Você já disse "desculpe" duas vezes no último minuto.

DAMIR:
Desculpe. Eu não consigo evitar.

ADEM:
Pare com isso.

DAMIR:
Sim, sim.

ADEM:
Minhas condolências.

DAMIR:
A você também.

ADEM:
Então, você vai me dar um abraço ou não?

DAMIR:
Sim. Desculpe...

ADEM:
Esqueça. Não preciso de um filho que se desculpa por tudo.

DAMIR:
O que você quer dizer?

ADEM:
É bem típico deste país. Você acha que eles fazem isso em outro lugar? Não na Bósnia, com certeza. Você continua se desculpando, Damir. Você se desculpa o tempo todo por estar vivo.

DAMIR:
Olha quem está falando.

ADEM:
É tudo minha culpa?

DAMIR:
Não foi isso o que eu quis dizer.

ADEM:
Até nisso você volta atrás precipitadamente. *Precipitadamente*, outra palavra maravilhosa que aprendi durante os cursos de integração. Outra palavra típica deste lugar. Uma pessoa tem uma opinião, mas depois volta atrás precipitadamente. Você não cuidou do seu irmão mais novo.

DAMIR:
O que você quer dizer...?

ADEM:
Você ia cuidar dele, Damir.

DAMIR:
Você acha que eu poderia ter evitado tudo isso?

ADEM:
Eu não pediria que você cuidasse dele se não houvesse perigo, certo? Eu não faria de você o chefe da família se a família não precisasse ser cuidada, certo? Você acha que isso é um conto de fadas ou algo assim? Mesmo em contos de fadas, você precisa ficar atento aos lobos quando anda na floresta.

DAMIR:
Onde você esteve este tempo todo?

ADEM:
Você está pedindo fotos das minhas férias ou está me acusando? Eu estive fora por um tempo. Eu não era mais bem-vindo aqui. Por que você não olha para mim quando estou falando com você? Pare de esfregar os olhos. Olhe para o seu pai.

DAMIR:
Não, eu tenho de ir ao banheiro.

ADEM:
Você acabou de ir ao banheiro. Você está drogado, Damir? Diga-me a verdade. Você se tornou um daqueles traficantezinhos? O que está acontecendo? Deixe-me ver seus olhos. Eu reconheço um drogado quando vejo um.

DAMIR:
Não toque em mim! Que merda, meu Deus!

ADEM:
Como Deus entra nisso?

DAMIR:
Por favor, me solte.

ADEM:
Eu agarro você se quiser. Venha aqui, seu idiota. O que é? O que é?

DAMIR:
Me solte, me solte. Pare com isso, pai.

ADEM:
O quê? O quê? O quê? Você me poupe!

DAMIR:
Você está doido. Você está completamente louco.

Escuridão.

ADEM:
Mas o que eu fiz?

MARIAM:
Você tornou tudo muito difícil para todos nós.

ADEM:
Você sobreviveu.

MARIAM:
É mesmo?

Silêncio.

Mas você sobreviveu aos seus demônios, Adem? Os demônios em sua cabeça que o abatem todos os dias? Ou você apenas continuou a alimentá-los? Foi alimentando-os até que se tornassem bestas negras, grandes e fortes, que me seguem o tempo todo.

Escuridão.

ADEM:
Você colocou seu irmão mais novo nessa situação. Sua mãe me contou quando estávamos sozinhos.

DAMIR:
Você também odiava o bar de vinhos.

ADEM:
Isso não significa que você deva jogar pedras nas janelas.

DAMIR:
Pelo menos eu fiz alguma coisa. Você ficou lá gritando no sofá. Ridicularizando a Mama.

ADEM:
Foram só palavras...

DAMIR:
São sempre palavras! Eu dei asas às suas palavras.

ADEM:
São sempre palavras?

DAMIR:
Quando foi a última vez que você leu o Livro Sagrado? Quando você fez o Haje?

ADEM:
Estamos em um concurso para ver quem é o melhor muçulmano?

DAMIR:
Eu conheço as regras. Eu vou viver como o Profeta. Eu sei...

ADEM:
O que você sabe sobre fé, idiota? O que você sabe sobre a batalha que todos têm de lutar consigo mesmos? A batalha se luta sozinho. A luta com todas as tentações da vida. A procura pelo caminho certo, que acaba coberto de espinhos. A busca por você mesmo, aquele cara irritante que tenta sempre se afastar? O que você sabe sobre essa luta?

DAMIR:
Pelo menos tento mudar alguma coisa.

ADEM:
Não há nada para mudar. A vida é o que é.

DAMIR:
Eu não me curvo e aceito as coisas como são.

ADEM:
Não, a própria vida faz você se curvar.

DAMIR:
Eu não vou acabar como você.

ADEM:
É uma confusão dos diabos, eu sei.

DAMIR:
Eu não vou me deixar ser intimidado. Olha só, outra palavra legal: *intimidado*. Eu vou fazer a diferença.

ADEM:
Meu nome é Adem Ahmedovic. Sou filho de Suleiman Osman Ahmedovic. E o neto de Mehmet Aliya Ahmedovic. Eu sou o pai de Damir e Ismaël Ahmedovic. Eu vim para este país, e eu defendi minha posição. Meu caráter acabou sendo muito fraco. Perdi o emprego duas vezes, minha família se desfez, fugi em duas ocasiões. Na primeira vez, estava fugindo da guerra. Então, desde o massacre, eu mesmo me pus em movimento. Enquanto eu estava fora, meu filho morreu. E agora estou de volta. De mãos vazias. Você tem ideia do que precisou acontecer para eu voltar? Talvez eu mereça outra chance.

DAMIR:
É você quem está pedindo desculpas, pai. Com suas historinhas patéticas. Um homem que deixou seu país na mão, mas nunca chegou a outro lugar.

ADEM:
Lamento não ter correspondido às suas expectativas.

DAMIR:
Estou tão enjoado e cansado de você.

ADEM:
Você tem sorte, pois eu amo muito você.

DAMIR:
E eu amo você também.

Escuridão.

(3) // Dia 14, 18h00

Ismaël entra. Apenas Damir pode vê-lo.

ISMAËL:
Ei, então você finalmente apareceu.

DAMIR:
O que você está fazendo...?

ISMAËL:
Tenta ficar deitado naquele caixão o tempo todo, não é nada divertido.

DAMIR:
Eu estou ficando louco.

ISMAËL:
Você já está assim há muito tempo. Só descobriu isso agora?

DAMIR:
Você está...? Eu comi muito pouco.

ISMAËL:
Ainda é Ramadã?

DAMIR:
Sim, ainda restam mais dois dias... Não vou falar com você.

ISMAËL:
Que ótimo! Esta é sua última chance.

DAMIR:
Minha última chance?

ISMAËL:
Sim, é a minha primeira vez também, sabia?

DAMIR:
Posso tocar em você?

ISMAËL:
Aja normalmente e pare de me olhar assim. Você está com o Nintendo?

DAMIR:
Não, eu não estou com o Nintendo aqui.

ISMAËL:
Estou com medo de morrer de tédio por séculos.

DAMIR:
Tenho certeza de que eles descobrirão uma maneira de resolver isso.

ISMAËL:
Você está ridículo.

DAMIR:
Você acha?

ISMAËL:
Você está bem?

DAMIR:
Não, na verdade eu não estou. Na verdade, nem um pouco.

ISMAËL:
Não comece a chorar.

DAMIR:
Não, eu não estou chorando. Desculpe. Escute, eu sei que está tudo bagunçado também. Eu estava lá no aeroporto e havia três armas apontadas para mim. E tudo o que eu conseguia pensar era: "Podem ir em frente, podem atirar."

ISMAËL:
Achei que você tivesse ido buscar o papai.

DAMIR:
Mas demorou três horas para convencer aquela senhora da drogaria de que era só aquilo. Eu não sei o que devo fazer.

ISMAËL:
Mas é simples, certo?

DAMIR:
Para você, sim. Olhe para o jeito que eles estão olhando para mim: como uma lambreta amassada ou algo assim.

ISMAËL:
Talvez eles possam ajudar você, mano velho.

DAMIR:
Eles? Você consegue imaginar?

ISMAËL:
Sem dúvida. Se você olhar para as coisas do meu ponto de vista, vai ver essa predisposição.

DAMIR:
Isso é bonito, mas é um pouco tarde, de qualquer maneira.

ISMAËL:
Tudo que você precisa fazer é pedir a eles. E pedir novamente. E quando eles disserem que sim, faça-os cumprir. Se as coisas ficarem difíceis, lembre-os disso. E se der tudo errado, grite pedindo o apoio deles. Eles devem isso a você, cara.

DAMIR:
Ninguém dá a mínima.

ISMAËL:
Todo mundo é tímido, isso é bem diferente.

DAMIR:
Sim, você com sua fala mansa. Não é a hora de...?

ISMAËL:
Sim, estou indo, já estou indo.

DAMIR:
Zip, de volta para o caixão. Espere, mais uma pergunta.

ISMAËL:
Hum?

DAMIR:
Por que você ficou lá embaixo naqueles túneis? Você poderia ter saído naquela mesma noite. Todo mundo já tinha ido embora havia horas. A barra estava limpa. Mas ainda assim, você ficou lá.

ISMAËL:
Sim, isso foi meio idiota.

DAMIR:
Então, por que você não voltou para casa?

ISMAËL:
Eu estava brincando.

DAMIR:
Você estava brincando no escuro?

ISMAËL:
Eu gosto do escuro.

DAMIR:
Você estava com medo do tio Wouter.

ISMAËL:
Do tio Wouter? Não, claro que não. Ele me deu uma bicicleta.

DAMIR:
Dizem que ele estava meio estranho naquela noite.

ISMAËL:
Tio Wouter sempre é um pouco estranho.

DAMIR:
Era perigoso ficar lá tanto tempo.

ISMAËL:
Eu não queria ir para a Bósnia.

DAMIR:
O quê? Por que você teria de ir para a Bósnia?

ISMAËL:
Isso foi o que a Mama disse, não foi?

DAMIR:
O quê? Quando?

ISMAËL:
"Se você não se comportar, vou mandar você para o seu pai na Bósnia!"

DAMIR:
Quando ela disse isso?

ISMAËL:
Quando estávamos todos brigando. Você e mamãe. Mama Mariam e Mama Ida. Mama Ida com Papa Alex. E Papa Alex com tio Wouter. E mamãe estava com raiva do papai, porque ele não estava conosco.

DAMIR:
Mas isso foi apenas uma maneira de falar. Os adultos dizem coisas assim.

ISMAËL:
Os adultos dizem coisas assim?

DAMIR:
Claro, ela não ia realmente mandar você para a Bósnia.

ISMAËL:
Ela não estava falando sério?

DAMIR:
Não, seu maluco. Foi por isso que você não voltou para casa?

ISMAËL:
Acho que sim...

DAMIR:
Imbecil.

ISMAËL:
Mais imbecil é quem me diz. Vou dar o fora daqui.

DAMIR:
Desculpe ter esquecido o Nintendo.

ISMAËL:
Eu vou sentir sua falta, mano.

DAMIR:
Jesus Cristo, vou sentir tanto a sua falta, seu fedelho.

ISMAËL:
Nota nove e meio em integração.

DAMIR:
O que você quer dizer?

ISMAËL:
Jesus Cristo.

DAMIR:
Agora, vamos lá, de volta para o caixão.

ISMAËL:
Salaam.

DAMIR:
Bons sonhos. E diga às meninas que eu disse "olá".

Escuridão.

Na tela: Créditos de A nação.

Sobre a Coleção
Dramaturgia Holandesa

A Coleção Dramaturgia teve seus primeiros títulos publicados em 2012, pela Editora Cobogó, com textos de jovens dramaturgos contemporâneos brasileiros. Com a ideia de registrar e refletir a respeito dos textos de teatro escritos em nosso tempo, no momento que as peças estavam sendo criadas e encenadas, esses livros chegaram às mãos de seus leitores — espectadores, estudantes, autores, atores e gente de teatro em geral — para ampliar as discussões sobre o papel do texto dramatúrgico, sobre o quanto esses textos são literatura, se bastava lê-los ou se seria preciso encená-los para se fazerem completos, e muito mais. Mais que as respostas a essas questões, queríamos trazer perguntas, debater modelos de escrita e seus desdobramentos cênicos, experimentar a leitura compartilhada dos textos, ou em silêncio, e ampliar o entendimento da potência da dramaturgia.

Nesse caminho, publicamos diversas peças de autores como Jô Bilac, Grace Passô, Patrick Pessoa, Marcio Abreu, Pedro Kosovski, Jhonny Salaberg, Felipe Rocha, Daniela Pereira de Carvalho, Jorge Furtado, Guel Arraes, Silvero Pereira, Vinicius Calderoni, Gregorio Duvivier, Luisa Arraes, Diogo Liberano e muitos outros. Trouxemos também para a coleção autores estrangeiros como Wajdi Mouawad (*Incêndios*), Daniel MacIvor (*Cine Monstro*, *In on It* e *A primeira vista*), Hanoch Levin (*Krum*) e mais recentemente Samuel Beckett (*Não eu*, *Passos* e *Cadência*), todos com suas versões para o português encenadas no Brasil.

Esse projeto de pequenos livros contendo cada um o texto dramático de uma peça, além de ensaios críticos sobre ela, se fez potente e foi ampliando o espaço que os livros de teatro ocupavam nas estantes das livrarias brasileiras. Se no começo nos víamos em pequeno volume nas prateleiras, com o tempo fomos testemunhando o crescimento dos volumes nas estantes, e mesmo o interesse de mais e mais autores de teatro, assim como de outras editoras, em publicar peças em livros.

Em 2015, ampliamos o espectro da coleção ao nos juntarmos a Márcia Dias e ao Núcleo dos Festivais Internacionais de Artes Cênicas do Brasil no projeto de difusão de dramaturgia estrangeira no Brasil e brasileira pelo mundo. Márcia, há anos à frente do TEMPO_FESTIVAL juntamente com César Augusto e Bia Junqueira, parceiros nossos em tantas publicações, convidou a Cobogó para ser a editora dos textos que vieram a constituir a Coleção Dramaturgia Espanhola, composta por dez livros com dez peças de dramaturgos espanhóis contemporâneos. Em 2019, foi a vez de a Dramaturgia Francesa virar coleção de livros, e dessa vez o projeto incluía, também, oito dramaturgos brasileiros a serem traduzidos e publicados na França. Numa troca de experiências interessantíssima, já que cada dramaturgo francês publicado no Brasil era traduzido pelo mesmo dramaturgo brasileiro, que seria traduzido por ele, para a publicação na França.

Em 10 anos e com mais de oitenta títulos de teatro publicados na Coleção Dramaturgia da Cobogó, publicar a Coleção Dramaturgia Holandesa é um desafio saboroso e instigante. Pela primeira vez, nossos dramaturgos-tradutores não dominavam o idioma original e, com isso, era preciso trabalhar a partir de diferentes traduções de cada peça, por exemplo, para o inglês, o francês ou o alemão, com a imprescindível colaboração de Mariângela Guimarães e de sua experiência na tradução de textos originais do holandês para o português do Brasil.

Na tradução dos textos, não apenas a língua é vertida, como há também a adequação de referências culturais importantes para a estrutura dramática e narrativa das peças, que precisam ser trabalhadas a fim de trazer ao leitor brasileiro o universo do texto original, dos personagens e das situações, para que cheguem ao idioma de destino preservando a atmosfera do texto, embalado pelas novas palavras, agora em português, que reacendem e iluminam seus significados originais.

Traduzir é parte da prática teatral. Traduzem-se os textos para a cena. Gestos, falas, cenários, figurinos, luz, movimentos são todos, de certo modo, traduzidos a partir de ideias da dramaturgia, além de tantas outras que se constroem na prática teatral. Claro que nesse caso, uma tradução livre, por assim dizer, que toma as liberdades que cada artista envolvido no processo de construção do espetáculo desejar, levados pelas mãos do diretor.

Com o propósito de trazer para o público brasileiro as peças da Coleção Dramaturgia Holandesa, foram convidados os dramaturgos-tradutores Giovana Soar para *No canal à esquerda*, de Alex van Warmerdam; Newton Moreno para *A nação*, de Eric de Vroedt; Cris Larin para *Ressaca de palavras*, de Frank Siera; Ivam Cabral e Rodolfo García Vázquez para *Planeta Tudo*, de Esther Gerritsen; e Jonathan Andrade — o único com conhecimento do idioma holandês por ter vivido no Suriname na infância — para *Eu não vou fazer Medeia*, de Magne van den Berg.

É com imensa alegria que levamos aos leitores brasileiros mais esse incremento à Coleção Dramaturgia, ampliando essa parceria longeva e tão bem-vinda com Márcia Dias e o seu TEMPO_FESTIVAL, com o Núcleo dos Festivais Internacionais de Artes Cênicas do Brasil, com Anja Krans e o Performing Arts Fund NL e, acima de tudo, com o apoio fundamental do Dutch Foundation for Literature, na figura de Jane Dinmohamed, que, com seu programa de divulgação da literatura holandesa no mundo, tornou possível a realidade desses livros de Dramaturgia Holandesa no Brasil.

Isabel Diegues
Editora Cobogó

Sob as lentes da internacionalização de dramaturgias: Países Baixos em foco

Do Parque das Ruínas, avistamos frases que escorrem por um painel de led fixado num prédio no Centro do Rio de Janeiro. A distância de 2 quilômetros que nos separa é vencida pelas lentes da luneta que aperto contra meu olho. Focalizo minha atenção nos textos que integram "uma instalação onde os cariocas poderão se despedir de crenças, pensamentos e visões de mundo que estão com seus dias contados", como dizia o *release* da época. Essa experiência premonitória aconteceu no distante ano de 2012. A obra, que me convocou a pensar nas transformações do nosso tempo e a olhar novos futuros no horizonte, se chamava *Fare Thee Well*, ou *Adeus*, em tradução livre.

Esse trabalho, do artista Dries Verhoeven, integrou o Recorte da Cena Holandesa, apresentado pela curadoria da segunda edição do TEMPO_FESTIVAL. A obra nos aproximava das mudanças que vinham ocorrendo e, metaforicamente, tremulava pelo led cintilante diante dos nossos olhos: o mundo não é mais o mesmo. Embora seja uma memória distante, hoje, percebo quanto, naquele momento, *Fare Thee Well* antecipava e ampliava questões caras para mim e pelas quais eu iria me dedicar nos anos seguintes. Por outro ângulo, esse projeto foi responsável por me reaproximar da produção artística holandesa que me havia sido apresentada pelos artistas Cláudia Maoli e Carlos Lagoeiro, do grupo Munganga, radicados na Holanda desde o fim da década de 1980.[1]

---

1. Depois do sucesso do premiado espetáculo *Bailei na curva*, no Rio de Janeiro, em 1985, participaram do Festival Internacional de Expressão Ibérica e decidiram seguir

Seguindo essa rota, o TEMPO_FESTIVAL ainda viabilizou a tradução do texto *Mac*, escrito por Jibbe Willems, e *Veneno*, de autoria de Lot Vekemans; idealizou, junto com Jorn Konijn, o projeto HOBRA durante os Jogos Olímpicos, que reuniu criações de artistas brasileiros e holandeses; coproduziu a exposição Adventures in Cross-Casting e a videoinstalação *Monólogos de gênero*, da artista visual Diana Blok; além de ter proposto a residência artística Vamos Fazer Nós Mesmos, com o coletivo Wunderbaum.

Ao longo dos anos, ampliei meu alcance de atuação e gerei aproximações entre países, culturas e visões de mundo. Investi em processos de intercâmbio, e assim nasceu o projeto Internacionalização de Dramaturgias. As primeiras experiências focaram em obras de autores espanhóis e franceses. Os textos traduzidos fazem parte da Coleção Dramaturgia, do catálogo da Editora Cobogó, e, com a colaboração dos parceiros do Núcleo dos Festivais de Artes Cênicas do Brasil, difundimos as obras pelo país. Juntos, envolvemos diferentes artistas nacionais de teatro, promovemos encontros entre encenadores e autores, incentivamos a realização das montagens das obras e estimulamos o intercâmbio de processos e procedimentos artísticos. Essas atividades geraram integração, fortaleceram as trocas culturais e trouxeram ao público brasileiro uma visão atual e vibrante do Teatro produzido nesses países.

Agora, a terceira edição do projeto renova expectativas. Com a Coleção Dramaturgia Holandesa, as peças ganharão novos olhares que oferecerão abordagens e encenações singulares. Para a seleção dos textos, apresentei ao Performing Arts Fund NL os critérios que orientam o projeto: textos teatrais contemporâneos escritos por autores vivos; obras contempladas com, ao menos, um prêmio de dramaturgia no país; trabalhos com potencial de despertar o interesse do público brasileiro, pouco familiarizado com a produção holandesa.

---

a vida na arte em Amsterdã. Criaram a Companhia Munganga, com a qual escreveram e produziram 26 espetáculos e, em 2014, inauguraram o Teatro Munganga, onde se apresentam e abrem espaço para outros artistas.

Na primeira etapa desse desafio, me debrucei sobre trinta textos com a ingrata tarefa de escolher apenas cinco obras de cinco autores. Os trabalhos reunidos nesta coleção, apesar das diferenças sociopolíticas e culturais, trazem diálogos, conflitos, reflexões e perspectivas que equilibram contraste e identificação.

Pela realização desta nova etapa, agradeço o apoio do Dutch Foundation for Literature, instituição que apoia escritores e tradutores e promove a literatura holandesa no exterior, e a reiterada confiança depositada no projeto pelo Performing Arts Fund NL, programa cultural do governo holandês que apoia diversos segmentos artísticos, com atenção especial à internacionalização, à diversidade cultural e ao empreendedorismo. Essas instituições foram fundamentais e deram lastro ao projeto de Internacionalização da Dramaturgia Holandesa. Esta jornada só foi possível com a parceria dos companheiros de aventura, a quem dedico meu carinho especial, como Anja Krans, com quem pude contar inúmeras vezes; a Editora Cobogó; aos integrantes do Núcleo dos Festivais Internacionais de Artes Cênicas do Brasil e aos meus parceiros do TEMPO_FESTIVAL, Bia Junqueira e César Augusto, que me emprestam energia e inspiração para seguir a travessia na busca de novos territórios.

Apesar dos tempos que correm, continuarei colocando artistas, obras e públicos em contato. Por onde avistar receptividade, ampliarei a biblioteca do projeto de Internacionalização de Dramaturgias. O mundo é grande e minha luneta, inquieta.

Márcia Dias
Diretora da Buenos Dias —
Projetos e Produções Culturais

Criando laços entre Brasil e Holanda

O Performing Arts Fund NL é o fundo nacional de cultura para teatro, música, teatro musical e dança da Holanda e fornece apoio, em nome do governo holandês, a todas as formas de arte das performances profissionais. Um dos nossos objetivos é promover internacionalmente a obra de dramaturgos contemporâneos baseados na Holanda. Em colaboração com Márcia Dias, do TEMPO_FESTIVAL, procuramos vozes interessantes do teatro atual e cinco peças teatrais de língua holandesa foram selecionadas para receber tradução brasileira. Essa seleção também retrata a multiplicidade de vozes e opiniões da sociedade moderna. Os textos são um reflexo do universo teatral holandês e ao mesmo tempo convidam profissionais brasileiros a criar laços entre os dois continentes e os dois países. A apresentação dessas obras no Brasil em festivais de prestígio, reunidos sob o nome Núcleo dos Festivais de Artes Cênicas do Brasil, fortalecerá ainda mais esses laços e contribuirá para o diálogo entre o Brasil e a Holanda — um intercâmbio crescente e permanente de arte e conhecimento que não pode ser paralisado pela pandemia.

Anja Krans
Gerente de programação — Performing Arts Fund NL

Para mais informações, visite https://fondspodiumkunsten.nl

Núcleo dos Festivais: Colecionar, um verbo que se conjuga junto

O Núcleo dos Festivais Internacionais de Artes Cênicas do Brasil está comprometido com o desenvolvimento socioeconômico e educacional, com o bem-estar e a promoção das artes cênicas do país. Sua missão é intensificar o intercâmbio cultural e estimular novas experiências artísticas. Desde 2003, os festivais que compõem o Núcleo, juntos, vêm formando uma rede em que circulam milhares de espetáculos e ações pelos estados da Bahia, de Minas Gerais, de Pernambuco, do Paraná, do Rio de Janeiro, do Rio Grande do Sul, de São Paulo e do Distrito Federal.

Márcia Dias, diretora e curadora do TEMPO_FESTIVAL, integrante do Núcleo e idealizadora do projeto de Internacionalização de Dramaturgias, convidou o coletivo para participar do projeto e, assim, ampliar a abrangência territorial e agregar um maior número de artistas e públicos. Essa relação e cooperação estimulou o intercâmbio, processos colaborativos de criação e a internacionalização de artistas e obras de artes cênicas. O Núcleo produziu as duas primeiras edições que traduziram as obras de autores espanhóis e franceses contemporâneos seguidas de encenação.

Em 2015, a Coleção Dramaturgia Espanhola gerou desdobramentos: quatro montagens teatrais,[1] uma indicação a prê-

---

1. *A paz perpétua*, de Juan Mayorga, direção de Aderbal Freire-Filho (2016), indicação ao 29º Prêmio Shell de Teatro na categoria de Melhor Direção e ao 11º Prêmio APTR nas categorias de Melhor Direção e Melhor Espetáculo; *O princípio de Arquimedes*, de Josep Maria Miró, direção de Daniel Dias da Silva, Rio de Janeiro (2017); *Atra Bílis*,

mio² e a produção de um filme de longa-metragem exibido por diversos festivais.³ Em 2019, foi realizada a Nova Dramaturgia Francesa e Brasileira. A segunda experiência do projeto construiu uma via de mão dupla, traduziu e difundiu a dramaturgia francesa para o português (Coleção Dramaturgia Francesa, Editora Cobogó) e textos brasileiros, traduzidos para o francês. Por conta da pandemia de covid-19, as ações decorrentes da tradução dos textos brasileiros para o francês precisaram ser reprogramadas para 2023, quando as leituras dramáticas ocupam o Théâtre National de La Colline, em Paris; Festival Actoral, em Marselha; e La Comédie de Saint-Étienne, na cidade que dá nome ao teatro.

Agora, a terceira edição do projeto de Internacionalização de Dramaturgias constrói uma parceria com os Países Baixos, em que artistas brasileiros de diferentes regiões do país traduzem as obras holandesas e realizam leituras dramáticas dos textos. Em formato de residência artística, encenadoras/es brasileiras/os, autoras/es holandesas/es e companhias de teatro locais compartilham o processo criativo que apresentam ao público no lançamento das publicações, que acontece nos Festivais do Núcleo.

Nesta edição, foram convidadas/os para as traduções: Cris Larin (*Ressaca de palavras* [*Spraakwater*], de Frank Siera); Giovana Soar (*No canal à esquerda* [*Bij Het Kanaal Nar Links*], de Alex van Warmerdam); Ivam Cabral e Rodolfo García Vázquez (*Planeta Tudo* [*Allees*], de Esther Gerritsen); Jonathan Andrade (*Eu não vou fazer Medeia* [*Ik Speel Geen*

---

de Laila Ripoll, direção de Hugo Rodas (2018); *CLIFF* (Precipício), de Alberto Conejero López, com Gustavo Gasparani, sob a direção de Fernando Philbert, que não estreou em 2021 por causa da pandemia.

2. Indicação na Categoria Especial do 5º Prêmio Questão de Crítica, 2016.

3. *Aos teus olhos*, adaptação de *O princípio de Arquimedes*, com direção de Carolina Jabor (2018), ganhou os prêmios de Melhor Roteiro (Lucas Paraizo), Ator (Daniel de Oliveira), Ator Coadjuvante (Marco Ricca) e Melhor Longa de Ficção, pelo voto popular, no Festival do Rio; o Prêmio Petrobras de Cinema, na 41ª Mostra de São Paulo, de Melhor Filme de Ficção Brasileiro; e os prêmios de Melhor Direção, no 25º Mix Brasil, e Melhor Filme da mostra SIGNIS, no 39º Festival de Havana.

Medea], de Magne van den Berg); e Newton Moreno (*A nação — Uma peça em seis episódios* [*The Nation*], de Eric de Vroedt). Esses textos que formam a Coleção Dramaturgia Holandesa, publicados pela Editora Cobogó, dão continuidade e ampliam a biblioteca do projeto e a disponibilidade de novos textos para criadores de língua portuguesa.

Fazer parte desse processo, conhecer a dramaturgia holandesa, gerar encontros entre artistas e promover novas experiências é uma maneira de nos aproximar e construir relações, verbos que ganharam outra dimensão com a pandemia. Neste projeto, o Núcleo dos Festivais Internacionais de Artes Cênicas do Brasil reafirma seu compromisso com a comunidade artística e seu papel no desenvolvimento do país, através da cultura. Colecionemos boas histórias, memórias e relações!

Núcleo dos Festivais Internacionais de Artes Cênicas do Brasil
Cena Contemporânea — Festival Internacional de Teatro de Brasília
Festival Internacional de Artes Cênicas da Bahia — FIAC BAHIA
Festival Internacional de Londrina — FILO
Festival Internacional de Teatro de São José do Rio Preto — FIT Rio Preto
Mostra Internacional de Teatro de São Paulo — MITsp
Porto Alegre em Cena — Festival Internacional de Artes Cênicas
RESIDE _ FIT/PE — Festival Internacional de Teatro de Pernambuco
TEMPO_FESTIVAL — Festival Internacional de Artes Cênicas do Rio de Janeiro

CIP-BRASIL. CATALOGAÇÃO NA PUBLICAÇÃO
SINDICATO NACIONAL DOS EDITORES DE LIVROS, RJ

V969n

Vroedt, Eric de

A nação : uma peça em seis episódios / Eric de Vroedt ; tradução Newton Moreno ; consultoria de tradução Mariângela Guimarães. - 1. ed. - Rio de Janeiro : Cobogó, 2022.

216 p. ; 19 cm. (Dramaturgia holandesa)

Tradução de: The nation.

ISBN 978-65-5691-068-0

1. Teatro holandês. 2. Dramaturgia holandesa. I. Moreno, Newton. II. Guimarães, Mariângela. III. Título. IV. Série.

22-77574   CDD: 839.312
              CDU: 82-2(492)

Gabriela Faray Ferreira Lopes - Bibliotecária - CRB-7/6643

Nenhuma parte desta obra pode ser reproduzida, adaptada, encenada, registrada em imagem e/ou som, ou transmitida de nenhuma forma ou por nenhum meio sem a permissão expressa e por escrito da Editora Cobogó.

Todos os direitos em língua portuguesa reservados à
Editora de Livros Cobogó Ltda.
Rua Gen. Dionísio, 53, Humaitá
Rio de Janeiro — RJ — Brasil — 22271-050
www.cobogo.com.br

© Editora de Livros Cobogó, 2022

Editora-chefe
Isabel Diegues

Editora
Feiga Fiszon

Gerente de produção
Melina Bial

Colaboração na tradução
Almir Martines

Consultoria de tradução
Mariângela Guimarães

Revisão final
Eduardo Carneiro

Projeto gráfico de miolo e diagramação
Mari Taboada

Capa
Radiográfico

A Coleção Dramaturgia Holandesa faz parte do projeto de Internacionalização de Dramaturgias

Idealização
Márcia Dias

Direção artística e de produção
Márcia Dias

Coordenação geral Holanda
Anja Krans

Coordenação geral Brasil
Núcleo dos Festivais Internacionais de Artes Cênicas do Brasil

Realização
Buenos Dias
Projetos e Produções Culturais

Esta publicação foi viabilizada com apoio financeiro da Dutch Foundation for Literature.

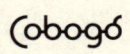

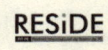

COLEÇÃO DRAMATURGIA

ALGUÉM ACABA DE MORRER LÁ FORA, de Jô Bilac

NINGUÉM FALOU QUE SERIA FÁCIL, de Felipe Rocha

TRABALHOS DE AMORES QUASE PERDIDOS, de Pedro Brício

NEM UM DIA SE PASSA SEM NOTÍCIAS SUAS, de Daniela Pereira de Carvalho

OS ESTONIANOS, de Julia Spadaccini

PONTO DE FUGA, de Rodrigo Nogueira

POR ELISE, de Grace Passô

MARCHA PARA ZENTURO, de Grace Passô

AMORES SURDOS, de Grace Passô

CONGRESSO INTERNACIONAL DO MEDO, de Grace Passô

IN ON IT | A PRIMEIRA VISTA, de Daniel MacIvor

INCÊNDIOS, de Wajdi Mouawad

CINE MONSTRO, de Daniel MacIvor

CONSELHO DE CLASSE, de Jô Bilac

CARA DE CAVALO, de Pedro Kosovski

GARRAS CURVAS E UM CANTO SEDUTOR, de Daniele Avila Small

OS MAMUTES, de Jô Bilac

INFÂNCIA, TIROS E PLUMAS, de Jô Bilac

NEM MESMO TODO O OCEANO, adaptação de Inez Viana do romance de Alcione Araújo

NÔMADES, de Marcio Abreu e Patrick Pessoa

CARANGUEJO OVERDRIVE, de Pedro Kosovski

BR-TRANS, de Silvero Pereira

KRUM, de Hanoch Levin

MARÉ/PROJETO BRASIL, de Marcio Abreu

AS PALAVRAS E AS COISAS, de Pedro Brício

MATA TEU PAI, de Grace Passô

ÃRRÃ, de Vinicius Calderoni

JANIS, de Diogo Liberano

NÃO NEM NADA, de Vinicius Calderoni

CHORUME, de Vinicius Calderoni

GUANABARA CANIBAL, de Pedro Kosovski

TOM NA FAZENDA, de Michel Marc Bouchard

OS ARQUEÓLOGOS, de Vinicius Calderoni

ESCUTA!, de Francisco Ohana

ROSE, de Cecilia Ripoll

O ENIGMA DO BOM DIA, de Olga Almeida

A ÚLTIMA PEÇA, de Inez Viana

BURAQUINHOS OU O VENTO É INIMIGO DO PICUMÃ, de Jhonny Salaberg

PASSARINHO, de Ana Kutner
INSETOS, de Jô Bilac
A TROPA, de Gustavo Pinheiro
A GARAGEM, de Felipe Haiut
SILÊNCIO.DOC, de Marcelo Varzea
PRETO, de Grace Passô,
Marcio Abreu e Nadja Naira
MARTA, ROSA E JOÃO,
de Malu Galli
MATO CHEIO, de Carcaça
de Poéticas Negras
YELLOW BASTARD,
de Diogo Liberano
SINFONIA SONHO,
de Diogo Liberano
SÓ PERCEBO QUE ESTOU
CORRENDO QUANDO VEJO QUE
ESTOU CAINDO, de Lane Lopes
SAIA, de Marcéli Torquato
DESCULPE O TRANSTORNO,
de Jonatan Magella
TUKANKÁTON + O TERCEIRO
SINAL, de Otávio Frias Filho
SUELEN NARA IAN,
de Luisa Arraes

SÍSIFO, de Gregorio Duvivier
e Vinicius Calderoni
HOJE NÃO SAIO DAQUI,
de Cia Marginal e Jô Bilac
PARTO PAVILHÃO,
de Jhonny Salaberg
A MULHER ARRASTADA,
de Diones Camargo
CÉREBRO_CORAÇÃO,
de Mariana Lima
O DEBATE, de Guel Arraes
e Jorge Furtado
BICHOS DANÇANTES, de Alex Neoral
A ÁRVORE, de Silvia Gomez
CÃO GELADO, de Filipe Isensee
PRA ONDE QUER QUE EU VÁ SERÁ
EXÍLIO, de Suzana Velasco
DAS DORES, de Marcos Bassini
VOZES FEMININAS – NÃO EU,
PASSOS, CADÊNCIA,
de Samuel Beckett
PLAY BECKETT: UMA PANTOMIMA
E TRÊS DRAMATÍCULOS –
ATO SEM PALAVRAS II, COMÉDIA,
CATÁSTROFE, IMPROVISO DE OHIO,
de Samuel Beckett

COLEÇÃO DRAMATURGIA ESPANHOLA

A PAZ PERPÉTUA, de Juan Mayorga | Tradução Aderbal Freire-Filho

ATRA BÍLIS, de Laila Ripoll | Tradução Hugo Rodas

CACHORRO MORTO NA LAVANDERIA: OS FORTES, de Angélica Liddell | Tradução Beatriz Sayad

CLIFF (PRECIPÍCIO), de José Alberto Conejero | Tradução Fernando Yamamoto

DENTRO DA TERRA, de Paco Bezerra | Tradução Roberto Alvim

MÜNCHAUSEN, de Lucía Vilanova | Tradução Pedro Brício

NN12, de Gracia Morales | Tradução Gilberto Gawronski

O PRINCÍPIO DE ARQUIMEDES, de Josep Maria Miró i Coromina Tradução Luís Artur Nunes

OS CORPOS PERDIDOS, de José Manuel Mora | Tradução Cibele Forjaz

APRÈS MOI, LE DÉLUGE (DEPOIS DE MIM, O DILÚVIO), de Lluïsa Cunillé | Tradução Marcio Meirelles

COLEÇÃO DRAMATURGIA FRANCESA

É A VIDA, de Mohamed El Khatib | Tradução Gabriel F.

FIZ BEM?, de Pauline Sales | Tradução Pedro Kosovski

ONDE E QUANDO NÓS MORREMOS, de Riad Gahmi | Tradução Grupo Carmin

PULVERIZADOS, de Alexandra Badea | Tradução Marcio Abreu

EU CARREGUEI MEU PAI SOBRE MEUS OMBROS, de Fabrice Melquiot | Tradução Alexandre Dal Farra

HOMENS QUE CAEM, de Marion Aubert | Tradução Renato Forin Jr.

PUNHOS, de Pauline Peyrade | Tradução Grace Passô

QUEIMADURAS, de Hubert Colas | Tradução Jezebel De Carli

COLEÇÃO DRAMATURGIA HOLANDESA

EU NÃO VOU FAZER MEDEIA, de Magne van den Berg | Tradução Jonathan Andrade

RESSACA DE PALAVRAS, de Frank Siera | Tradução Cris Larin

PLANETA TUDO, de Esther Gerritsen | Tradução Ivam Cabral e Rodolfo García Vázquez

NO CANAL À ESQUERDA, de Alex van Warmerdam | Tradução Giovana Soar

A NAÇÃO — UMA PEÇA EM SEIS EPISÓDIOS, de Eric de Vroedt | Tradução Newton Moreno

2022
───────────

1ª impressão

Este livro foi composto em Calluna.
Impresso pela BMF Gráfica e Editora
sobre Papel Polén Bold 70g/m².